Beiser

Gesunde Knollen

Rudi Beiser

Gesunde Knollen

Die heilsame Wirkung von Wurzel- und Knollengemüse

TRIAS

Inhalt

»Leider sind viele Wurzelgemüse, die noch auf dem Speiseplan unserer Urgroßeltern standen, in Vergessenheit geraten. Dabei sind sie nicht nur außergewöhnlich gesund, sondern auch voller Überraschungen, was Aroma und Geschmack angeht. Es lohnt sich also, die fast vergessenen Gemüse neu zu entdecken.«

Zurück zu den Wurzeln

Gehen Sie mit mir auf Entdeckungsreise in die Unterwelt. Statt zwielichtigen Gestalten begegnen wir dort Wurzeln und Knollen, die uns nicht nur wunderbare Genüsse, sondern auch Gesundheit schenken.

Der Slogan »Zurück zu den Wurzeln« wurde von verschiedenen Bewegungen genutzt, wenn es um Rückbesinnung oder um die Suche nach Ursprüngen ging. Genau genommen ist auch dieses Buch eine Reise in eine Zeit, in der Wurzeln, Knollen und Rüben noch ein wichtiger Bestandteil von Nahrung und Medizin waren. Viele dieser Pflanzen waren einst bekannt und beliebt und sind heute in Vergessenheit geraten. Sie werden nachfolgend längst vergessene Wurzelgemüse wie Kerbelrübe und Knollenziest kennen- und schätzen lernen. Und Sie werden Neues erfahren über eventuell schon bekannte Gemüse, wie Pastinake oder Schwarzwurzel. Der Fokus liegt aber nicht nur auf Pflanzen, die in Europa ihre Ursprungsheimat haben, sondern es sind auch Pflanzen vertreten, die in fernen Ländern eine lange Tradition besitzen, wie beispielsweise Oca. Schließlich war auch die Kartoffel einst ein exotisches, fremdes Gewächs aus der Andenregion Perus und Chiles und heute gehört sie zu den weltweit wichtigsten Grundnahrungsmitteln.

Lassen Sie sich überraschen von den vielfältigen Geschmacksnuancen der vergessenen Wurzeln und Knollen. Neunzehn Vertreter aus der Unterwelt warten darauf, von Ihnen entdeckt zu werden! Sie finden bei jedem Wurzelporträt zahlreiche Tipps, Zubereitungsideen und Rezeptvorschläge. Freuen Sie sich auf Topinambur-Chips, Rettich-Cremesuppe und Süßkartoffel-Kuchen!

Im »Gesundheits-Check« erfahren Sie, welche Fülle an Vitaminen, Mineralien und weiteren gesundheitsfördernden Inhaltstoffen in den Wurzeln und Knollen enthalten ist. Aufgrund der Dichte an Nähr- und Vitalstoffen kann man sie problemlos als Superfoods deklarieren. Aber damit nicht genug: Sie werden erstaunt sein, welche Heilkräfte darin schlummern. Hier wird Nahrung so-

zusagen zur Medizin und das Mittagessen zur täglichen Gesundheitsprophylaxe. Denn die unterirdischen Kraftpakete enthalten zahlreiche bioaktive Substanzen, die unser Abwehrsystem stärken und unseren Körper schützen. Erkunden Sie mit mir die knolligen Schätze aus der Erde mit dem Extrakick für Ihre Gesundheit!

Wenn Sie einen Garten besitzen, dann bietet Ihnen die Rubik »Anbau im Garten« einen wunderbaren Zusatznutzen. Das betrifft vor allem Pflanzen, deren Wurzeln kaum im Handel zu finden sind. Sie erfahren, wie Sie die Wurzeln und Knollen erfolgversprechend säen, pflanzen, pflegen und ernten können. Und Sie können sich über Pflanzen im Garten freuen, die nicht jeder kennt und hat.

Ich wünsche Ihnen viel Spaß beim Entdecken (und beim Ausgraben) der Wurzeln und Knollen sowie ein genussvolles Ausprobieren der Rezepte.

Ihr Rudi Beiser

URKRAFT AUS DER ERDE

Wurzel und Knollen sind wahre Kraftpakete, die es in jeder Hinsicht in sich haben: Sie sind zum einen nahrhaft und aromatisch, zum anderen stecken sie voller Vitamine und anderer gesundheitsförderlicher Inhaltstoffe. Es lohnt sich, sie kennenzulernen und ihnen zu einem Comeback zu verhelfen!

Schätze aus dem Untergrund

Unsere heutige Ernährung ist leider sehr gleichförmig geworden – obwohl die Natur von schmackhaften Pflanzen überquillt, beschränkt sich unser Speiseplan häufig auf wenige Standardsorten. Dabei gibt es so viel mehr zu entdecken!

Wenn von Wurzeln, Knollen und Rüben die Rede ist, dann fallen den meisten Menschen Kartoffeln und Möhren ein. Diese beiden Kandidaten aus der Unterwelt werden Sie in diesem Buch nicht finden, obwohl sie sehr schmackhaft und auch sehr gesund sind. Die Gartenmöhre gehört beispielsweise zu den wichtigsten Gemüsen, die vor Krebs schützen können. Kartoffeln und Möhren gehören zum Standardprogramm in deutschen Küchen, bei Kartoffeln liegt der jährliche Pro-Kopf-Verbrauch bei 60 kg und bei Möhren bei 10 kg.

Ich will Ihnen in diesem Buch aber heilsame Wurzeln und Knollen vorstellen, die selten auf der Speisekarte stehen oder komplett in Vergessenheit geraten sind. Oft waren Kartoffel und Möhre sogar dafür verantwortlich, dass so manches der im Buch beschriebenen Wurzelgemüse aus den Gärten verschwand, denn sie sind wesentlich ertragreicher.

Vor allem Kartoffeln sind im Anbau einfach zu handhaben und bringen einen unschlagbaren Flächenertrag. Das konnte keine jener Knollen und Rüben erreichen, die kultiviert wurden, als die Kartoffel im Jahre 1570 erstmals nach Europa kam. Ihr Siegeszug als dominierendes Grundnahrungsmittel begann allerdings erst im 17. Jahrhundert. Von da an gerieten viele alte Gemüse, wie Kerbelrübe, Haferwurzel oder Nachtkerze, in Vergessenheit. Es ist an der Zeit, diese Raritäten aus dem Dornröschenschlaf zu wecken und sie wieder zum Bestandteil der heimischen Gemüsegärten werden zu lassen. Es lohnt sich, die verlorenen Schätze aus der Erde zu heben, sowohl aus geschmacklicher als auch aus gesundheitlicher Sicht.

Wurzel, Knolle oder Rübe?

Nicht alles, was Wurzel, Knolle oder Rübe heißt, ist auch tatsächlich eine: Wurzelpetersilie, Haferwurzel und Schwarzwurzel sind botanisch gesehen eigentlich Rüben. Rote Rübe und Kerbelrübe werden dagegen den Knollen zugeordnet. Alle sprechen von Sellerieknolle, aber genau betrachtet ist es eine Rübe. Nachfolgend werden die Speicherorgane jedoch so benannt, wie es umgangssprachlich üblich ist: Die Sellerieknolle bleibt also eine Knolle und die Wurzelpetersilie wird nicht zur »Rübenpetersilie«.
Trotzdem wollen wir einen kurzen Blick auf die korrekte Einteilung werfen: Die Speicherorgane der Pflanzen entstehen durch Verdickung unterschiedlicher Pflanzenteile. Wenn nur ein Pflanzenorgan an der Verdickung beteiligt ist, spricht man von Knollen: So sind Kartoffel und Kohlrabi Sprossknollen, weil es sich um verdickte Sprossteile handelt; deshalb werden sie am Sonnenlicht auch grün. Süßkartoffeln und Topinambur sind dagegen Wurzelknollen, weil es sich hier um eine Verdickung der Wurzel handelt. Rote Bete, Radieschen und Kerbelrübe sind Hypokotyl-Knollen, da sich hier das Hypokotyl, also der Sprossteil direkt unterhalb der Keimblätter, verdickt hat. Sobald jedoch mehrere Pflanzenorgane an der Verdickung beteiligt sind, spricht man von Rüben: Bei Pastinake, Möhre, Haferwurzel, Schwarzwurzel, Rettich und Wurzelpetersilie handelt es sich um eine Verdickung der Wurzel und des Hypokotyls. Beim Knollensellerie verdicken sich Wurzel, Hypokotyl und Sprossteile zu einer Rübe.

In der Wurzel liegt die Kraft

Alte Redewendungen wie zum Beispiel »In der Wurzel liegt die Kraft« deuten an, dass die unterirdischen Knollen und Wurzeln für unsere Vorfahren etwas Besonderes waren. Früher nutzte man das Wort »Wurz« für alle Kräuter und Heilpflanzen. Der Kräutergarten hieß im Mittelalter Wurzgarten, die Kräuterhändler nannte man Wurzkrämer. Die Heilkundigen und Kräutersammler waren Wurzelgräber. Deshalb nannte man in späteren Zeiten den Heilkundigen der griechischen Antike *rhizolog*, also Wurzelkenner, oder auch *rhizothom*, was Wurzelschneider bedeutet. Auch im Wort »Gewürz« steckt noch die alte Wurz.
Wieso nannte man Heilkräuter damals Wurze? In Urzeiten wurde die Heilwirkung einer Pflanze hauptsächlich in der Wurzel vermutet. Im Glauben der Menschen war die Pflanze durch die Wurzel mit der Erdgöttin verbunden, von ihr bezog sie ihre Energie und Kraft. Die Unterweltsgöttin war für die Fruchtbarkeit der Natur verantwortlich und die Wurzel symbolisierte ihre schöpferische Kraft: Im Kreislauf der Jahreszeiten schien die Wurzel unsterblich zu sein. Im Winter verschwand das Grün der Pflanzen und die Vegetationskräfte ruhten

unter der Erde, um dann im Frühjahr wieder kraftvoll auszutreiben. Für unsere steinzeitlichen Vorfahren war dieser Vorgang ein Wunder. Deshalb galt die Wurzel als Sitz der Lebens- und Heilkräfte. Es war der mächtigste Teil der Pflanze. Das betraf nicht nur die Heilkunde, wo früher überwiegend Wurzeln eingesetzt wurden, sondern auch den Bereich der Zauberei und Magie. Man fertigte beispielsweise aus Wurzeln Amulette, denen man eine starke Schutzwirkung gegen alles Unheil zusprach.

Das Wurzelgraben war einst eine kultische Handlung, die dazu diente, die Kraft der Wurzel zu verstärken. Dabei bediente man sich einer Vielzahl von Ritualen. So machten sich die Heilkundigen beispielsweise an einem Freitag vor Sonnenaufgang auf den Weg, um die Zauberwurzel der Erde zu entnehmen. Je nach Ritualvorschrift wurde die Pflanze dreimal umgangen oder umtanzt. Begleitet von Beschwörungsformeln und Zaubersprüchen entnahm man sie dann vorsichtig der Erdmutter. Kein Eisen durfte sie berühren, gegraben wurde mit der bloßen Hand, mit Hirschgeweihen oder gar mit Gold. Nicht alle Pflanzen ließen sich so ohne weiteres entnehmen: Die mächtige Alraune, auch Mandragora genannt, stieß todbringende Schreie aus, wenn man sie der Erde entriss. Deshalb verstopfte man sich die Ohren mit Wachs und überließ die gefährliche Arbeit einem schwarzen Hund, der an der Pflanze festgebunden wurde. Sobald er die Wurzel aus dem Boden gezogen hatte, musste er sterben. So berichten es alte Überlieferungen.

Ein Speicher guter Dinge

Ganz unrecht hatten unsere Vorfahren nicht, wenn sie die Wurzeln als etwas Besonderes wahrnahmen. Denn jene Wurzeln, Rüben, Rhizome und Knollen, die in der Heilkunde und in der Ernährung verwendet wurden, sind Speicherorgane. Als solche dienen sie der Pflanze zur Speicherung von Reservestoffen und zur Überdauerung ungünstiger Lebensverhältnisse, wie z. B. während des kalten Winters. Hier lagert die Pflanze einen Großteil der Nährstoffe und Vitalstoffe ein, die dann im Frühling den Austrieb und die Blütenbildung unterstützen. Im Speicherorgan findet man deshalb besonders viele Proteine, Fette, Kohlenhydrate, Vitamine, Mineralien und Spurenelemente. Damit die nährstoffreichen Wurzeln und Knollen gut geschützt sind, beispielsweise gegen Kälte, Fressfeinde oder Pilzkrankheiten, haben sie sich mit einer Vielzahl von Schutzstoffen ausgestattet. Diese Schutzstoffe, die man »sekundäre Pflanzenstoffe« nennt, sind für unsere Gesundheit enorm wichtig.

Die unterirdischen Speicherorgane sind also nicht nur mit wertvollen Nährstoffen und Vitaminen ausgestattet, sondern auch mit heilsamen Inhaltsstoffen, die uns helfen, gesund zu bleiben oder unsere Gesundheit wiederherzustellen. Deshalb ist es sinnvoll, sich etwas intensiver mit den unterirdischen Schätzen zu beschäftigen. Dazu wollen wir uns die Wurzeln, Rüben und Knollen jener Gemüsepflanzen genauer ansehen, die schon bei den alten Völkern – den Ägyptern, Griechen, Römern,

Inkas und Azteken – in den Gärten kultiviert wurden. Und zwar oftmals nicht nur als Nahrungsmittel, sondern gerade auch wegen ihrer Wirkung als Heilmittel! Es ist überhaupt auffallend, dass in früheren Zeiten fast alle Gartengemüse für medizinische Zwecke eingesetzt wurden. Dem wollen wir auf den Grund gehen!

Gemüse ist die beste Medizin

Als die Menschen vor Jahrtausenden von der Wirtschaftsform der Sammler und Jäger zum Ackerbau wechselten, nutzte man ausschließlich Wildpflanzen, die dann durch Auslese züchterisch bearbeitet wurden. Die ersten gezüchteten Kulturpflanzen waren genetisch gesehen den Wildpflanzen noch sehr nahe. Erst im 18. und 19. Jahrhundert begann man gezielt, Pflanzenarten zu kreuzen, um neue Sorten zu entwickeln. In den 1950er-Jahren nahm dann die moderne Pflanzenzüchtung richtig Fahrt auf und die ersten Hochleistungssorten (Seite 15) kamen auf den Markt.

Die Pflanzenzüchtung brachte viele Vorteile, vor allem ertragreichere Sorten lagen im Fokus der Züchter. Aber es blieb dabei auch so manches auf der Strecke: Das Nährstoffprofil veränderte sich und viele wertvolle Inhaltsstoffe gingen verloren. Beim Vergleich von Wildpflanzen und alten Gemüsesorten mit modernen Hochzuchtsorten fällt auf, dass Erstere wesentlich mehr Nährstoffe und sekundäre Pflanzenstoffe aufweisen. In der Regel kann man von einem dreifachen Gehalt an gesundheitsförderlichen Stoffen ausgehen. Sie enthalten also durchschnittlich dreimal so viele Proteine, Vitamine und Mineralien. Aber auch die sekundären Pflanzenstoffe, wie beispielsweise Carotinoide, Glucosinolate oder Flavonoide, sind stark vertreten. Die sekundären Pflanzenstoffe, die wir nur in Pflanzennahrung vorfinden, sind nicht zu unterschätzen: Sie leisten einen wichtigen präventiven Beitrag zur Gesunderhaltung, denn sie wirken entzündungshemmend und antibakteriell. Außerdem senken sie den Blutdruck und den Cholesterinspiegel und schützen somit die Gefäße. Oft bezeichnet man sie auch als Radikalfänger oder als Antioxidantien: Aufgrund ihrer antioxidativen Wirkung beseitigen sie die aggressiven freien Radikale und senken so das Risiko von Krebserkrankungen. Die schädlichen freien Radikale sind hochreaktive Sauerstoffverbindungen, die entweder durch äußere Einflüsse (z.B. Umweltgifte) oder auch auf natürliche Weise im Körper entstehen. Im »Gesundheits-Check« bei den Pflanzenporträts können Sie nachlesen, welche Inhaltsstoffe das jeweilige Wurzelgemüse auszeichnen und welche Heilwirkung sie besitzen.

»Vorbeugen ist besser als Heilen!«

Viele Wurzelgemüse, vor allem die alten Sorten, besitzen noch ihr wildes Erbe und sind deshalb seit Jahrhunderten auch als Heilpflanzen bekannt. So haben Rote Bete und Sellerie einen positiven Einfluss auf den Blutdruck, der Meerrettich wirkt als pflanzliches Antibiotikum und das Teltower Rübchen hat eine krebsvorbeugende Wirkung. Die Gesundheitsvorsorge beginnt also in der Küche, mit einem hohen Anteil wertvoller alter Gemüsesorten. Das hat auch der Kräuterpfarrer Sebastian Kneipp (1821–1897) erkannt, als er sagte: »Der Weg zur Gesundheit führt durch die Küche, nicht durch die Apotheke.« Denn viele Erkrankungen wie Bluthochdruck, erhöhte Blutfettwerte oder Übergewicht sind ernährungsbedingt und somit auch durch eine vernünftige Ernährung beeinflussbar. Zahlreiche Studien belegen, dass eine pflanzenbetonte Ernährung mit viel Gemüse das Risiko senkt, an Arteriosklerose, Bluthochdruck, Diabetes und an bestimmten Krebskrankheiten zu erkranken.

Hippokrates, der wohl berühmteste Arzt des Altertums, prägte den Lehrspruch: »Eure Nahrung soll euer Heilmittel sein. Eure Heilmittel sollen eure Nahrung sein.« Dieses Zitat passt wunderbar zu den nahezu unverzüchteten Wurzeln und Knollen, die in den Gärten der alten Griechen und Römer wuchsen. Diese Nahrung war tatsächlich Medizin, die dazu diente, gesund zu werden und gesund zu bleiben. Deshalb sollten wir die leckeren Wurzelgemüse wieder auf den Teller holen. Gibt es etwas Schöneres, als wenn Genuss und Gesundheit Hand in Hand gehen?

Nahrung für die Darmbakterien

Die Wurzeln und Knollen zeichnen sich neben einem hohen Gehalt an Vitaminen, Mineralien und sekundären Pflanzenstoffen durch eine weitere Besonderheit aus: Da es sich um die Speicherorgane der Pflanze handelt, findet man darin große Mengen an Speicherkohlenhydraten. Dabei handelt es sich um unverdauliche Ballaststoffe aus der Gruppe der Oligosaccharide (z. B. Inulin, Oligofructose, Stachyose). Man nennt diese Ballaststoffe Präbiotika. Sie sind die bevorzugte Mahlzeit der im Dickdarm ansässigen Bifidobakterien und Lactobazillen.

Diese »guten« Darmbakterien sind für unsere Gesundheit enorm wichtig, denn sie trainieren unser Immunsystem, verringern das Allergie-Risiko, schlagen Krankheitserreger in die Flucht und haben eine hemmende Wirkung auf Darmkrebszellen. Außerdem verbessern sie die Darmfunktion. Das therapeutische Potenzial der Präbiotika ist inzwischen unbestritten: Wenn unsere Darmbakterien hungern, steigt das Krankheitsrisiko; wenn sie genügend Präbiotika zum Knabbern bekommen, verbessern sich unsere Gesundheit und unser Wohlbefinden! Pastinaken, Schwarzwurzeln, Topinambur und Co. gehören unbedingt auf den Speiseplan, sozusagen als Lieblingsgemüse der Darmbakterien.

SEKUNDÄRE PFLANZENSTOFFE

Neben den primären Pflanzenstoffen (Kohlenhydrate, Fette, Eiweiß) enthält jede Pflanze mehrere Hundert bis Tausend sogenannte sekundäre Pflanzenstoffe, die auch »Phytochemikalien« genannt werden. Ihre große Bedeutung für unsere Ernährung und Gesundheit wurde erst in den letzten Jahren erkannt. Zu diesen zahlreichen chemischen Verbindungen gehören die Heilstoffe der Phytomedizin, wie Bitterstoffe, ätherische Öle, Carotinoide, Clucosinolate oder Flavonoide. Die sekundären Pflanzenstoffe sind die wichtigsten Akteure beim Schutz vor Erkrankungen, denn sie wirken antioxidativ, antimikrobiell, antikanzerogen, antientzündlich, abwehrsteigernd sowie blutdruck- und cholesterinsenkend. Außerdem entgiften sie unseren Organismus und stärken unser Immunsystem. Bei jeder Gemüsemahlzeit schützen uns die darin enthaltenen Sekundärstoffe präventiv. Sie können aber auch gezielt bei bestimmten Erkrankungen eingesetzt werden: Jede essbare Pflanze ist nicht nur protektives Nahrungsmittel, sondern gleichzeitig Heilpflanze.

Die sekundären Pflanzenstoffe haben innerhalb der Pflanzen vielfältige Aufgaben. Zum einen schützen sich die Pflanzen mit diesen Stoffen gegen Schädlinge, Krankheiten, Mikroorganismen, UV-Licht und pflanzliche Konkurrenten. Zum anderen locken sie damit in Form von Farben und Düften bestäubende Insekten und samenverbreitende Früchtefresser an. Vermutlich sind viele sekundäre Pflanzenstoffe noch gar nicht entdeckt oder erforscht. Man schätzt, dass es in der Pflanzenwelt über 200 000 derartige chemische Verbindungen gibt.

Die Sortenvielfalt geht verloren

Als die Menschen vor vielen Tausend Jahren sesshaft wurden, begannen sie, Wildpflanzen zu kultivieren. Im Laufe der Jahrhunderte entstanden durch Züchtung und Selektion zahlreiche Sorten, die gut an Standort und Klima angepasst waren. Aus einer wilden Ursprungspflanze entwickelten sich durch züchterische Auslese viele neue Formen. So bildeten sich beispielsweise aus der wildwachsenden Meer-Bete *(Beta vulgaris* ssp. *maritima)* die Rote Bete, der Mangold, die Runkelrübe und die Zuckerrübe. Aus dem Wilden Kohl *(Brassica oleracea)* wurden so unterschiedliche Gemüse wie Brokkoli, Blumenkohl, Rosenkohl, Kohlrabi oder Rotkohl gezüchtet. Und jedes einzelne dieser Gemüse spaltete sich in der regionalen Auslese in unzählige Landsorten auf. So gibt es z. B. von der Roten Bete auch weiße, gelbe und rotweiß geringelte Sorten.

Es entstand eine erstaunliche Sortenvielfalt im Bereich der angebauten Kulturpflanzen. Mit der Industrialisierung der Landwirtschaft ging die Pflanzenzüchtung jedoch neue Wege. In den Vordergrund traten nun Hochleistungssorten, die sich für großflächigen Anbau und maschinelle Verarbeitung optimal eigneten. Sie wurden darauf gezüchtet, gleichförmig auszusehen und gleichzeitig abzureifen. Außerdem standen gute Transport- und Lagerfähigkeit auf dem Wunschzettel der Hochleistungszüchter. Die alten Landsorten wurden von den modernen und ertragreichen Zuchtsorten nach und nach verdrängt.

Inzwischen befindet sich die Saatguterzeugung in der Hand von wenigen großen Konzernen. Die zehn größten Unternehmen verkaufen 75 % des Saatgutes und sorgen mit ihrem Hybridsaatgut dafür, dass die Kulturpflanzenvielfalt immer mehr verloren geht. Laut Weltgesundheitsorganisation (WHO) sind in den letzten 100 Jahren weltweit drei Viertel der landwirtschaftlichen Kulturpflanzen unwiederbringlich verlorengegangen.

So sind auch viele Wurzelgemüse, die noch im Garten unserer Vorfahren wuchsen, aus den Gemüseregalen verschwunden. Wo gibt es Haferwurzel, Kerbelrübe, Topinamburknollen oder Nachkerzenwurzeln zu kaufen? Selbst die bekannteren Wurzelgemüse wie Pastinake oder Schwarzwurzeln sind nur in gut sortierten Läden und auch hier und da auf Märkten zu finden. Vor allem sind viele Regional- und Landsorten dieser Gemüse verlorengegangen. Die genetische Vielfalt ist aber wichtig, denn sie wird für medizinische Wirkstoffe oder als Genpool für zukünftige Pflanzenzüchtung benötigt. Mit jeder alten Sorte, die nicht mehr vermehrt wird, geht ein Stück Kulturerbe verloren.

Samenfest oder hybrid?

Was unterscheidet die alten Sorten von den Hochzuchtsorten, die den Markt dominieren? Die alten Sorten sind in der Regel samenfest, das heißt, die Nachfolgegeneration hat weitgehend dieselben Eigenschaften wie die Elterngeneration. Man kann aus diesen samenfesten Sorten also selbst Saatgut gewinnen und jeder von uns kann sie im eigenen Garten sortenecht vermehren.

Leider sind heute viele Gemüsesorten sogenannte Hybridsorten, die bei der ersten Tochtergeneration (F_1-Hybride) ein einheitliches Aussehen besitzen und hohe Erträge bringen. Für die eigene Saatgutgewinnung sind sie jedoch unbrauchbar, denn in der Folgegeneration (F_2) gehen alle Züchtungsvorteile der F_1- Generation wieder verloren. Hybridsorten sind also ein »Einmal-Saatgut«, das jährlich neu gekauft werden muss, ganz im Sinne der Saatgutkonzerne. Bei manchen Gemüsesorten wie z.B. Möhren, Tomaten und Zucchini liegt der Anteil der Hybriden bei über 70%. Hybridsorten sind das Ergebnis einer Kreuzung von zwei Inzuchtlinien.

Robust, gesund und vielfältig

Ein entscheidender Unterschied zwischen alten Sorten und Hochzuchtsorten liegt jedoch in den inneren Eigenschaften. Alte Sorten stehen den wilden Ursprungspflanzen noch recht nahe und besitzen deshalb mehr Vitamine und Mineralien und vor allem mehr sekundäre Pflanzenstoffe (Seite 15)! Aber sie sind nicht nur gesünder, sondern sie bringen auch außergewöhnlich viele Aromen und Geschmacksnuancen in die Küche! Alte Sorten bieten eine riesige Vielfalt an Farben, Formen und Geschmäckern!

Da die alten Sorten mehr sekundäre Pflanzenstoffe enthalten, sind sie auch wesentlich robuster. Sie sind weniger anfällig gegen Schädlinge und Krankheiten. Der Grund dafür liegt darin, dass die sekundären Pflanzenstoffe vor allem die Aufgabe besitzen, die Pflanzen zu schützen und ihre Vermehrung zu gewährleisten. Bei der Kultivierung robuster alter Sorten ist es deshalb wesentlich leichter, auf Pestizide zu verzichten. Bei den Pflanzenporträts werden in der Rubrik »Anbau im Garten« empfehlenswerte alte Sorten genannt. Im Serviceteil finden Sie zudem zahlreiche Bezugsadressen, damit Sie sich die Gemüseraritäten in den Garten holen können.

©Deyan Georgiev/stock.adobe.com

Basisrezepte

Die in diesem Buch beschriebenen Wurzeln und Knollen können sehr vielseitig verwendet werden. Die Basisrezepte liefern Ihnen zahlreiche Tipps und Anregungen für ihre Verarbeitung. Bei den Pflanzenporträts finden Sie weitere Rezeptvorschläge.

Wurzel-Pfannengemüse

Für dieses Basisrezept können Sie fast alle im Buch beschriebenen Wurzelgemüse verwenden. Es ist gut geeignet, um den puren Geschmack der einzelnen Wurzeln und Knollen zu erleben. Selbstverständlich können Sie aber auch eine bunte Wurzelpfanne daraus machen und verschiedene Wurzelgemüse mischen. Außergewöhnlich gut eignen sich Süßkartoffel, Pastinake, Rote Bete, Oca, Speiserüben, Sellerie, Yacon, Topinambur und Wurzelpetersilie. Selbstverständlich können Sie auch Kartoffeln und Möhren zugeben. Das Grundrezept wird nur dezent gewürzt, aber Sie können das Gericht natürlich nach Ihren Vorlieben verfeinern.

Für 4 Personen:

- 1100 g Wurzelgemüse
- 2 Zwiebeln
- 3 EL Kokosöl
- 150 ml Gemüsebrühe
- 1 EL Sojasoße
- 2 TL gekörnte Brühe/Gemüsebrühe
- 125 ml Kokosmilch oder Sahne oder Tomatensoße
- Salz
- Pfeffer
- Optional: Gewürze nach Vorliebe (z. B. Curry, Chili, Knoblauch), Feta, Parmesan

Gemüse in gleichmäßige Würfel oder Stifte schneiden. Zwiebeln schälen und kleinschneiden.

Kokosöl in einer großen hohen Pfanne erhitzen und das Gemüse darin 3–4 Minuten kräftig anbraten. Mit Gemüsebrühe und Sojasoße ablöschen und mit Deckel 6–7 Minuten leicht köcheln lassen.

Kokosmilch (Sahne/Tomatensoße) dazugeben und einige Minuten bei kleiner Hitze ziehen lassen. Mit Salz und Pfeffer und Gewürzen nach Vorliebe abschmecken. Dazu passt wunderbar Reis.

Wurzel-Ofengemüse

Für dieses Basisrezept können Sie die meisten im Buch beschriebenen Wurzelgemüse verwenden. Hinweise finden Sie jeweils bei den Porträts. Außergewöhnlich gut eignen sich Süßkartoffel, Pastinake, Rote Bete, Sellerie, Yacon, Topinambur und Wurzelpetersilie. Selbstverständlich können Sie auch Kartoffeln und Möhren zugeben. Ebenfalls sehr empfehlenswert ist der orangefarbene Hokkaidokürbis, auch wenn es sich dabei nicht um eine Speicherknolle handelt.

Für 4 Personen:

- 1 kg Wurzelgemüse
- 4 EL Olivenöl
- Salz
- Pfeffer
- Gewürze nach Vorliebe (z. B. Curry, Chili, Knoblauch)

Gemüse in gleichmäßige Würfel schneiden und in einer Schüssel mit Öl, Salz, Pfeffer und Gewürzen gut vermischen.

Auf einem mit Backpapier ausgelegten Backblech verteilen und bei 200 °C im vorgeheizten Backofen 30–40 Minuten garen lassen. Während des Backens 1–2-mal wenden.

Zu Ofengemüse passen sehr gut Dips wie z. B. Kräuterquark.

Wurzel-Kaffee

Aus vielen Wurzeln wurden früher in Not- und Kriegszeiten kaffeeähnliche Getränke hergestellt. Für dieses Basisrezept eignen sich die meisten im Buch beschriebenen Wurzelgemüse. Hinweise finden Sie jeweils bei den Porträts. Traditionell nutzte man oft die Wurzeln der Wildpflanzen Wegwarte und Löwenzahn. Aber es eignen sich auch sehr gut Möhren, Pastinake, Topinambur, Süßkartoffel und Schwarzwurzel.

Wurzeln gründlich reinigen und in 1 cm große Stückchen schneiden. Dann die Stückchen in der Sonne oder an der Heizung 1 Tag lang antrocknen lassen. Alternativ 2–3 Stunden bei 40 °C im Backofen.

Backofen auf 160 °C vorheizen und Wurzelstückchen 20–30 Minuten rösten, bis sie angenehm duften und gebräunt sind. Alternativ kann das Rösten auch in einer Pfanne ohne Fett vorgenommen werden. Dabei gut rühren, damit nichts verbrennt.

Abkühlen lassen und in einer Kaffeemühle oder in einem Mixer pulverisieren. Pro Tasse Kaffee nimmt man 1 TL Wurzelpulver. Besonders lecker schmeckt der Wurzelkaffee als Milchkaffee.

Wurzel-Salat

Für dieses Basisrezept eignen sich viele der im Buch beschriebenen Wurzelgemüse. Hinweise finden Sie jeweils bei den Porträts. Außergewöhnlich gut eignen sich Oca, Pastinake, Rettich, Rote Bete, Sellerie, Mairübe, Yacon und Topinambur. Selbstverständlich können Sie auch Möhren zugeben. Sie sind hier im Buch zwar nicht beschrieben, ergänzen sich in Rohkostsalaten aber vorzüglich mit den anderen Wurzeln. Da viele Wurzelgemüse auch einen natürlichen Zuckergehalt besitzen, bietet sich eine Kombination mit Obst an (z. B. Äpfel, Ananas). Auch Naturjoghurt sowie Keimlinge und Sprossen sind eine wunderbare Ergänzung.

Für 4 Personen:

- 2 EL Öl (Sonnenblume, Olive oder Walnuss)
- 1 EL Weinessig
- 2 EL Zitronensaft
- 1 TL Sojasoße
- 150 g Joghurt oder Sauerrahm
- Salz, Pfeffer
- 600 g Wurzelgemüse
- 1 großer Apfel
- Frische Kräuter nach Vorliebe (z. B. Petersilie, Schnittlauch, Dill, Blattgrün der Wurzelgemüse)
- Geröstete Nüsse oder Ölsaaten (z. B. Walnuss, Sesam, Cashew, Kürbiskerne, Sonnenblumenkerne …)

Aus Öl, Essig, Zitronensaft, Sojasoße und Joghurt ein Salatdressing rühren. Mit Salz und Pfeffer abschmecken.

Wurzelgemüse und Apfel fein raspeln und sofort mit dem Salatdressing vermengen.

Nüsse oder Ölsaaten ohne Fett in einer Pfanne anrösten und zusammen mit den kleingeschnittenen Kräutern unter den Salat mischen.

Wurzel-Suppe

Für dieses Basisrezept können Sie fast alle im Buch beschriebenen Wurzelgemüse einsetzen, lediglich Engelwurz und Meerrettich eignen sich nicht dafür. Je nach Vorliebe können Sie die Wurzeln in Stückchen schneiden, so dass das Ganze etwas Biss hat, oder die Suppe pürieren.

Als Basis dient eine klare Gemüse- oder Fleischbrühe. In der Regel sorgen die stärkehaltigen Wurzeln und Knollen für eine gute Bindung. Wenn Sie es etwas dicker und sämiger haben wollen, können Sie die Suppe zusätzlich mit Mehl, Getreideschrot (z.B. Grünkern), Tomatenmark oder Eigelb andicken. Damit das Mehl nicht klumpt, wird es in etwas kaltem Wasser angerührt, in die warme Suppe gegeben und dann erst aufgekocht. Eine andere Variation ist die Mehlschwitze: Das Mehl wird zunächst in Fett angeröstet und dann wird die Brühe aufgegossen. Auch Sahne, Sojasahne oder Crème fraîche eignen sich zum Binden. Diese Zutaten sollen aber nicht kochen, denn der Eiweißanteil gerinnt ab 70 °C und flockt unschön aus. Das Gleiche gilt für Eigelb als Bindemittel.

Für die Mengen an Bindemitteln gilt zur Orientierung: Auf 1 Liter Brühe nimmt man 2 EL Mehl (25 g) oder 30 g Getreideschrot oder 3 EL Crème fraîche oder 2 Eigelb.

Wenn Sie cremige Suppen bevorzugen, pürieren Sie das Ganze vor dem Servieren. Zum Anrichten eignen sich geröstete Brotwürfel oder Kürbiskerne und zum Dekorieren nehmen Sie das Blattgrün der verwendeten Wurzeln und Knollen oder Petersilie, Schnittlauch und Majoran.

Für 4 Personen:

- 3 EL Olivenöl oder Butter
- 1 Zwiebel
- 700–800 g Wurzelgemüse
- 1 Liter Brühe
- Salz
- Pfeffer
- Sojasoße oder Balsamicoessig
- Suppengrün
- 2 EL Crème fraîche oder Sojasahne
- geröstete Brotwürfel

Gewürfelte Zwiebel im Fett andünsten, mit Mehl bestäuben und anschwitzen lassen. Gewürfeltes Gemüse dazugeben und einige Minuten schmoren lassen. Mit der Brühe aufgießen und zum Kochen bringen.

Wurzelgemüse nun 15–20 Min. köcheln lassen, bis es gar ist. Mit Salz, Pfeffer und Sojasoße/Balsamicoessig abschmecken. Vom Herd nehmen und Crème fraîche/Sojasahne einrühren.

Falls gewünscht, die Suppe pürieren und mit Suppengrün und Brotwürfeln servieren.

WILLKOMMEN IN DER UNTERWELT

Neunzehn raue Kerle aus der Unterwelt wollen ans Tageslicht! Graben wir sie also aus und entdecken wir die guten Eigenschaften, die unter der schmutzigen Haut schlummern: außergewöhnliche Gaumenfreuden, gesund und heilsam!

Bärwurz

Meum athamanticum (Doldenblütengewächse)

Heilwirkung: antithrombotisch, appetitanregend, harntreibend, verdauungsfördernd

Geschmack: junge Blätter anisartig, Wurzeln etwas nach Fenchel und Sellerie

Ausgestattet mit Bärenkräften

Die Bärwurz, wegen ihres fenchelähnlichen Geruchs auch Bärenfenchel genannt, ist ein heimisches Wildkraut der Bergwiesen. Die sehr eiweißreiche Futterpflanze stand einst im Ruf, die Milchleistung der Kühe zu verbessern. Bärenpflanzen waren in früherer Zeit entweder Pflanzen, in denen man die Kraft und Stärke des Bären vermutete, oder es waren Pflanzen, die eine Wirkung auf die Ge»bär«mutter haben sollten.

Doch nicht nur Frauen konnten von der heilkräftigen Bärwurz profitieren: Männer glaubten, die Wurzel sei ein vorzügliches Potenzmittel.

Bärwurz war früher wesentlich bekannter als heute: Karl der Große (742–814) befahl ihren Anbau auf seinen Landgütern und Hildegard von Bingen (1098–1179) erwähnte sie in mehreren Rezepten: Zum Beispiel empfahl sie die Wurzel bei starkem Fieber, bei Gicht und bei Gelbsucht. In der modernen Hildegard-Medizin ist der sogenannte Bärwurz-Birnen-Honig bekannt geworden. Man empfiehlt ihn bei Migräne und zur Darmreinigung.

Gesundheits-Check

Die Wurzeln der Bärwurz sind leider noch nicht auf ihren Nährstoffgehalt untersucht worden. Sie haben vermutlich, ähnlich wie die Doldenblütler Sellerie, Pastinake und Wurzelpetersilie, einen sehr hohen Kaliumgehalt, was auch die harntreibende Wirkung erklärt. Im Mittelalter war Bärwurz ein bekanntes Heilkraut. Alle Pflanzenteile (Wurzel, Samen, Blätter) können verwendet werden. Ein Tee aus der harntreibenden Wurzel wurde in der Volksmedizin bei Nieren- und Blasenerkrankungen, bei Verdauungsstörungen sowie zur Appetitanregung und Magenstärkung eingesetzt.

Wie bei vielen »Bärenpflanzen« üblich, wurde auch der Bärwurz eine Wirkung auf die Gebärmutter nachgesagt, man setzte sie deshalb als menstruationsförderndes Mittel und in der Geburtsheilkunde ein.

Der Arzt Tabernaemontanus lobte die Wurzel 1588 bei »Verstopfung der Leber/der Nieren/Harngäng/und der Blasen/vertreibet die Geelsucht/Wassersucht/die Schmerzen der Därm und der Mutter/führet aus den Stein/treibet den/vertreibt die Harnwinde und das tröpfelige Harnen«.

Neue Untersuchen zeigen, dass Bärwurz mehr kann, als die Verdauungssäfte zu akti-

Die zarten Frühlingsblätter sind ein unglaublich aromatisches Küchengewürz.

Die Bärwurz bildet weiße Doldenblüten, die zart nach Anis duften.

vieren und den Harn zu treiben: Die Wurzel fördert die normale Blutplättchenaggregation und trägt somit zu einem gesunden Blutfluss bei.

Vergessenes Gewürz

Bärwurz war im Mittelalter in manchen Regionen ein beliebtes Küchengewürz, das leider in Vergessenheit geriet. Damals gehörte die Pflanze unbedingt in den Bauerngarten. Das selten gewordene Gewürz enthält viel ätherisches Öl und bringt dadurch ungeahnte Düfte in die Küche: Die zarten Blätter und jungen Blütenknospen schmecken etwas nach Anis, Dill, Fenchel und Liebstöckel. Sie können sie von März bis Juni zum Würzen von Salaten, Suppen, Gemüsegerichten, Aufläufen, Kräuterbutter und Kräuterquark nutzen. Kurze Garzeiten sind dem Aroma dienlich.

Sowohl Kraut als auch Wurzel eignen sich als Zutat für Kräutersalz. Auch die Blüten und Früchte machen sich gut als Gewürz für Suppen und Eintöpfe. Im Herbst ernten Sie die lange aromatische Wurzel, die oben einen auffallenden Faserschopf besitzt. Sie eignet sich geschält als Suppeneinlage, als Gemüse mit Sellerie- und Fenchelgeschmack und ist eine beliebte Schnaps- und Likörzutat. In Gegenden, in denen Bärwurz wild gedeiht, ist der magenstärkende Bärwurzschnaps eine regionale Spezialität.

Anbau im Garten

Sie können Bärwurz auf Bergwiesen wild sammeln oder das würzige Kraut in den Garten holen. Die heimische Bärwurz ist ein mehrjähriges, sehr winterhartes Doldenblütengewächs. Sie liebt einen sonnigen bis halbschattigen Standort sowie sandig-lehmige und gleichmäßig feuchte Böden. Kalkdüngung ist unbedingt zu vermeiden, denn Bärwurz bevorzugt mäßig saure Böden (pH-Wert 6). Notfalls muss die Erde mit Rindenkompost etwas gesäuert werden, denn in kalkhaltigen Böden geht die Wurzel ein.

Die Aussaat ist sehr schwierig, da es sich um einen Kaltkeimer handelt, der zudem nur bei frischem Saatgut zufriedenstellend keimt. Sie nehmen also die getrockneten Samen im September von den Dolden und säen sie noch im gleichen Monat aus. Dabei wird der Samen mit wenig Erde bedeckt (0,5 cm tief). Erst nach dem Winter, ab März/April, beginnt er zu keimen.

Es ist jedoch auch eine Aussaat im Frühjahr möglich: Das Saatgut muss dann allerdings vorher stratifiziert werden, das heißt, Sie müssen einen künstlichen Winter im Kühlschrank imitieren. Hierzu wird der Samen mit feuchtem Sand vermischt und in einen Plastikbeutel gegeben. Nun legen Sie das Ganze für vier bis fünf Wochen in den Kühlschrank, wo die keimhemmenden Stoffe abgebaut werden. Hinterher säen Sie den kältebehandelten Samen an Ort und Stelle aus.

Bärwurz wächst nur sehr langsam und erreicht erst nach fünf Jahren eine optimale Wurzelgröße. Deshalb ist es einfacher, sie durch Wurzelteilung zu vermehren oder sich Jungpflanzen zu kaufen. Der Pflanzabstand beträgt 30 cm. Ernten Sie die Blätter, bevor die Pflanze zu blühen beginnt, und die Samen ab September. Im Herbst (Oktober) erntet man die aromatische Wurzel.

Bärwurz-Suppe (vegetarisch)

Für 4 Personen, 35 Min.

- 1 Stange Lauch
- 700 g Kartoffeln (mehligkochend)
- 100 g Bärwurzwurzel
- 3 EL Butter
- 750 ml Gemüsebrühe
- 150 ml Milch
- 100 ml Sahne
- 1 TL Sojasoße
- Salz
- Pfeffer
- Muskat
- 3 Handvoll frische Bärwurzblätter

Lauch in Ringe schneiden, Bärwurzwurzel schälen und fein raspeln. Kartoffeln schälen und in kleine Stücke schneiden.

Lauch und Bärwurz in Butter andünsten. Kartoffeln dazugeben und nach einigen Minuten mit Gemüsebrühe aufgießen. Das Gemüse bei kleiner Hitze ca. 20 Minuten weichkochen. Dann Milch, Sahne, Sojasoße und Gewürze dazugeben.

Suppe im Mixer oder mit dem Pürierstab pürieren. Nochmals kurz erhitzen, fein geschnittene Bärwurzblätter unterziehen und servieren.

Bärwurz-Likör (vegan)

Für ca. 4 Fläschchen (200 ml), 15 Min. (ohne Auszugszeit)

- 250 g frische Bärwurzwurzel
- 30 g frische Bärwurzblätter
- 1 EL Anissamen
- 1 Vanilleschote
- 150 g Kandiszucker
- 750 ml Korn

Bärwurzwurzel schälen und in kleine Stücke schneiden. Bärwurzblätter fein schneiden, den Anissamen im Mörser zerreiben, die Vanilleschote der Länge nach aufschneiden.

Alles mit dem Kandiszucker in eine Flasche oder Schraubglas geben und mit dem Korn übergießen. Flasche gut verschließen und 3–4 Wochen ziehen lassen. Danach durch ein feines Sieb oder Tuch abfiltrieren und in kleine Fläschchen füllen.

TIPP Der Likör wird noch besser, wenn er nach dem Abfüllen mindestens vier Wochen reifen darf. Nutzen Sie den appetitanregenden Magenfreund als Aperitiv.

Bärwurz-Suppe

Engelwurz

Angelica archangelica (Doldenblütengewächse)

Heilwirkung: appetitanregend, blähungstreibend, verdauungsfördernd, krampflösend, galleflussfördernd, schleimlösend

Geschmack: junge Blätter sellerieartig mit Bitternote, Wurzeln aromatisch, bitter und scharf

Von Engeln gebracht

Die Engelwurz *(Angelica archangelica)*, auch Arznei-Engelwurz genannt, ist eine Wildpflanze Nord- und Osteuropas, wo sie gerne feuchte Standorte besiedelt. In Deutschland kommt sie im Gegensatz zur Wald-Engelwurz *(Angelica silvestris)* eher selten vor, mit Ausnahme der Küstenregionen der Ostsee. Sie wird überwiegend in Gärten kultiviert. Die heutigen Wildvorkommen sind vermutlich Kulturflüchtlinge vergangener Zeiten, denn die Engelwurz wurde im Mittelalter häufig in Kloster-, Apotheker- und Bauerngärten angebaut.

In alten Kräuterbüchern wird die Engelwurz erst ab dem 14. Jahrhundert aufgelistet, bekam aber schnell den Ruf einer bedeutungsvollen Heilpflanze, vor allem gegen Gift und ansteckende Krankheiten. Schließlich wurde sie Bestandteil des sogenannten Theriaks, eines mittelalterlichen Allheilmittels. Nach einer christlichen Legende war es der Erzengel Raphael, der die Engelwurz vom Himmel auf die Erde brachte. Er übergab sie einem frommen Einsiedler, der damit die Menschen vor der Pest retten sollte. Kein Wunder, dass sogar der botanische Name vom Engel inspiriert ist: In »Angelica« steckt das lateinische *angelus* = Engel und in *archangelica* das lateinische *archangelus* = Erzengel.

Von der Bevölkerung wurde die Wurzel aber auch für allerlei magische Bräuche eingesetzt: Als Amulett getragen half sie gegen jegliche Zauberei und böse Einflüsse. Sozusagen als positiver Nebeneffekt wurden jene Menschen, die Engelwurz als Abwehrzauber bei sich trugen, von allen Menschen geliebt.

Gesundheits-Check

Die Engelwurz ist wie die meisten Wildpflanzen bisher kaum auf ihren Nährstoffgehalt untersucht worden. Nachweisen konnte man das in der Pflanzenwelt seltene Vitamin B_{12}, welches für die Blutbildung wichtig ist. Außerdem wird ein hoher Kaliumgehalt angenommen.

Wesentlich mehr weiß man über die enthaltenen sekundären Pflanzenstoffe, die für die Heilwirkung der Wurzel verantwortlich sind. Dazu gehören vor allem ätherisches Öl, Bitterstoffe, Cumarine und Phenolcarbonsäuren. Diese Stoffe wirken appetitanregend, verdauungsfördernd, krampflösend, blähungstreibend und galleflussfördernd. Deshalb machte sich die Engelwurz als Me-

Die jungen Blätter können gut als Suppengewürz verwendet werden.

Typisch für den Engelwurz ist der halbkugelige Blütenstand, der viele Insekten anlockt.

dizin (Tee oder Tinktur) vor allem einen Namen bei Magen- und Darmstörungen. Außerdem ist die Wurzel hilfreich bei Husten und Bronchitis, da sie auch schleimlösend wirkt. Aufgrund der krampflösenden Wirkung findet die Wurzel zudem bei Menstruationsbeschwerden Anwendung.

In den Blättern und Wurzeln findet man auch Furanocumarine, die bei Menschen mit empfindlicher Haut phototoxische Reaktionen hervorrufen können. Unter Einwirkung von UV-Licht kann es bei Hautkontakt zu Entzündungen (Dermatits) kommen.

Zum Kochen zu bitter

In der Küche muss die rübenförmige Wurzel eher als Gewürz angesehen werden, denn sie hat einen bitter-scharfen Geschmack, der im Übermaß unangenehm sein kann. Neben den bitteren Anteilen sind aber auch aromatisch-würzige und leicht süßliche Geschmacksnuancen anzutreffen. Vermutlich ist die Wurzel (aber auch der Samen) deshalb seit Jahrhunderten Bestandteil von aromatischen Kräuterlikören und Schnäpsen, wie beispielsweise Boonekamp, Bénédictine, Chartreuse oder Cointreau. Das Aromatisieren von alkoholischen Getränken dürfte die Hauptanwendung der Wurzel in der Küche sein. Besonders würzig wird das Ergebnis, wenn Sie dazu frische Wurzeln verwenden.

Wesentlich häufiger als die Wurzel werden Blätter, junge Triebe und die Stängel in der Wildkräuterküche verwendet, und zwar vor allem in nordischen Ländern. Der Geschmack der oberirdischen Pflanzenteile erinnert an Sellerie und sie sind auch weniger bitter als die Wurzel. Die Blätter werden kleingeschnitten als Würze für Salate, Suppen und Gemüsegerichte verwendet. Die saftigen, hohlen Stängel, die etwas süßlich schmecken, werden traditionell kandiert. Sie können sie dann zum Verzieren von Süßspeisen oder zum Kuchenbacken verwenden. Die Stängel können aber auch geschält und roh geknabbert werden, wie es bei dem Volk der Samen (Lappen) üblich ist. Wichtig ist, dass Sie die Blütenstängel ernten, bevor sich die Blüten bilden.

Anbau im Garten

Die winterharte Engelwurz bevorzugt tiefgründige und humusreiche Böden. Sie hat einen hohen Wasserbedarf, verträgt aber keine Staunässe. Das Saatgut verliert sehr schnell seine Keimfähigkeit. Soll es länger gelagert werden, muss es eingefroren werden.

Am besten erfolgt die Aussaat Ende August im Abstand von 60 cm, da die imposante Pflanze eine Höhe von 2–3 m erreicht. Die Saattiefe beträgt 1–2 cm. Im ersten Jahr entwickelt sich eine Blattrosette und erst im zweiten Jahr kommt es zur Blüten- und Samenbildung. Nach der Samenbildung stirbt die zweijährige Pflanze ab. Damit die Wurzel möglichst groß und aromatisch gedeiht, wird die Blüte unterbunden, das heißt, die Blütentriebe werden im Mai »geköpft«. Somit stirbt die Pflanze nicht im Sommer ab und die Wurzel wächst bis zum Herbst weiter.

Geerntet wird dann von Ende September bis Ende Oktober. Auch die kleinen Faserwurzeln können verwendet werden, denn sie sind besonders aromatisch. Die Wurzeln werden gewaschen und getrocknet oder frisch verarbeitet.

HINWEIS

In der Literatur wird oft auf die Möglichkeit der Verwechslung mit dem giftigen Schierling hingewiesen. Dieser hat allerdings sehr fein gefiederte Blätter, ähnlich wie die Möhre. Außerdem ist der Blattgeruch im Gegensatz zur Engelwurz sehr unangenehm.

Engelwurz-Likör (vegan)

Für ca. 4 Fläschchen (200 ml), 15–20 Min. (ohne Auszugszeit)

- 60 g frische Engelwurzwurzel
- 40 g frischer Ingwer
- 1 TL Fenchelsamen
- 1 Stange Zimt
- 2 Gewürznelken
- 500 ml Korn
- 200 g Zucker
- 200 ml Wasser

Engelwurzwurzel und Ingwerknolle gut bürsten und in kleine Stücke schneiden. Fenchelsamen im Mörser zerreiben, Zimtstange und Nelken zermörsern.

Alle Gewürze in ein verschließbares Schraubglas füllen und mit dem Korn übergießen. 3–4 Wochen ziehen lassen. Danach durch ein feines Sieb oder Tuch abfiltrieren.

Zucker und Wasser 10 Minuten köcheln lassen. Abgekühlt unter den Likör mischen und in Fläschchen abfüllen.

TIPP Der Likör wird noch besser, wenn er nach dem Abfüllen mindestens drei Wochen reifen darf. Der Likör ist gut für die Verdauung und eignet sich deshalb als Digestif.

Engelwurz-Tinktur (vegan)

Für ca. 4 Fläschchen (20 ml), 15 Min. (ohne Auszugszeit)

- 30 g frische Engelwurzwurzel (oder 15 g getrocknet)
- 1 TL Fenchelsamen
- 100 ml Ethanol 70 %

Engelwurzwurzel gut bürsten und in kleine Stücke schneiden. Dann zusammen mit Fenchelsamen in einen Mixer oder in einen Mörser geben und zu einem flüssigen Brei verarbeiten.

In ein verschließbares Schraubglas füllen und 2 Wochen ziehen lassen. Danach durch ein feines Sieb oder Tuch abfiltrieren. In kleine Tropffläschchen abfüllen.

Dosierung: 3-mal täglich 15 Tropfen.

Die Engelwurz-Tinktur ist vor allem hilfreich bei Verdauungsbeschwerden, denn sie wirkt entblähend, krampflösend und verdauungsfördernd.

Engelwurz-Likör

Haferwurzel

Tragopogon porrifolius (Korblütengewächse)

Heilwirkung: harntreibend, blutdrucksenkend, leberprotektiv, präbotisch

Geschmack: Wurzeln süßlich und nussig, mit Austernaroma

Bei Römern und Germanen beliebt

Die Haferwurzel *(Tragopogon porrifolius)*, manchmal auch Weißwurzel genannt, ist eine Wildpflanze des Mittelmeerraums, wo sie schon in der Antike als Gemüse verwendet wurde. Aus der Wildform *Tragopogon porrifolius* ssp. *eriospermus* züchtete man im alten Rom die Kulturform *Tragopogon porrifolius* ssp. *porrifolius*.

Mit den Römern gelangte das Wurzelgemüse nach Mitteleuropa in die Gärten der Germanen, wo es gerne angebaut wurde. Ein alemannisches Sprichwort belegt die hohe Achtung, die man der Wurzel entgegenbrachte: »Habermark macht d'Bube stark!« Im 13. Jahrhundert wurde die Haferwurzel vom Kirchenlehrer Albertus Magnus erwähnt. Im 16. und 17. Jahrhundert gehörte sie zum typischen Gemüse der Bauerngärten. Die Haferwurzel wurde auch Bocksbart genannt. Die abgeblühten, welken Zungenblüten ragen nämlich wie ein »Ziegenbart« aus der ehemaligen Blüte. Auch der botanische Name *Tragopogon* weist auf den Bocksbart hin (gr. *trako*: Bock, *pogon*: Bart). Als im 18. Jahrhundert die Schwarzwurzel ihren Siegeszug antrat, geriet die Haferwurzel leider in Vergessenheit.

In Deutschland findet man auf Wiesen einen wildwachsenden nahen Verwandten des leckeren Gemüses, den Wiesenbocksbart *(Tragopogon pratensis)*. Er kann genauso verwendet werden. Im Gegensatz zur lila blühenden Haferwurzel blüht der Wiesenbocksbart gelb wie ein Löwenzahn.

Gesundheits-Check

Die Haferwurzel ist kalorienarm. Dafür enthält sie viele Proteine und Kohlenhydrate. Zu den enthaltenen Kohlehydraten zählt vor allem der Ballaststoff Inulin, welcher keinen Einfluss auf den Blutzuckerspiegel hat. Das macht die Wurzel für Diabetes-Patienten zu einem wertvollen Gemüse. Inulin sorgt zudem für eine gesunde Darmflora und reduziert Hungergefühle. Außerdem liefert die Wurzel außergewöhnlich viel Kalzium (60 mg/100 g). Das Mineral ist nicht nur wichtig für Knochen und Zähne, sondern auch für die Reizübertragung in den Nervenzellen. Zudem liefert die Wurzel viel Kalium, Magnesium sowie Vitamine der B-Gruppe. Vor allem das für den Stoffwechsel unentbehrliche Vitamin B_6 ist reichlich vertreten.

In der Volksheilkunde gilt die Haferwurzel als harntreibend, blutreinigend und

Die Blätter der Haferwurzel erinnern etwas an Gräser.

Die Haferwurzel überrascht mit wunderschönen violetten Blüten.

krampflösend. Auch bei Bluthochdruck wird sie empfohlen. Im Mittelalter nutzte man sie bei Leberschwäche und Nierenerkrankungen. Neuere Untersuchungen bestätigen eine leberprotektive Wirkung. Außerdem glaubte man, sie sei ein gutes Stärkungsmittel für »Schwindsüchtige und Ausgezehrte«.

Mild im Geschmack

Die 20–30 cm lange und 2–4 cm schlanke Pfahlwurzel enthält ähnlich wie der Löwenzahn Milchsaft, daher nannte man sie früher Milchwurzel. Der klebrige Milchsaft tritt beim Schälen aus und kann Hände und Kleidung braun verfärben. Deshalb bietet es sich an, sie unter Wasser zu schälen oder Einmalhandschuhe zu verwenden. Außerdem verfärben sich die Wurzeln nach dem Schälen unschön, weshalb sie gleich in Zitronen- oder Essigwasser gelegt werden. Die Wurzel muss aber nicht unbedingt geschält werden, ein gründliches Putzen genügt. Allerdings erschweren die zahlreichen kleinen Seitenwurzeln das Waschen und Bürsten.

Die Wurzel schmeckt etwas süßlich und soll an den Geschmack und Geruch von Austern erinnern. Deshalb nennt man sie in England »vegetable oyster«. Einen Austerngeschmack kann ich nicht bestätigen, die Umschreibung »süßlich-nussig« ist wesentlich passender.

Die Wurzel kann ähnlich zubereitet werden wie die Schwarzwurzel, sie ist allerdings nicht so aromatisch wie diese. Sie wird am besten in Gemüsebrühe gegart oder in Scheiben geschnitten in der Pfanne angebraten. Die Garzeit beträgt etwa 15 Minuten. Aber auch als Suppengemüse ist sie bestens geeignet. Gedünstete oder als Pfannengemüse zubereitete Haferwurzel schmeckt gut in einer Sahne- oder Gorgonzolasoße.

In der Regel wird nur die gelbliche Wurzel (innen weiß) als Gemüse verwendet, aber auch die lanzettförmigen Blätter sind im jungen Zustand als Salat oder Spinat nutzbar. Zu diesem Zweck wurden sie früher ähnlich wie Chicorée gebleicht, damit die Bitterstoffe nicht so stark hervortreten. Selbst die wunderschönen violetten Blüten können Sie als essbare Dekoration verwenden. Sie öffnen sich frühmorgens und schließen sich mittags, also müssen sie vormittags geerntet werden.

Anbau im Garten

Die ein- bis zweijährige Pflanze bevorzugt einen leichten tiefgründigen, leicht alkalischen Boden, weshalb Sie auf einen pH-Wert von 7 achten sollten. Saure Böden müssen notfalls gekalkt werden. Bei Trockenheit wird regelmäßig gegossen, um ein frühzeitiges Schossen (frühzeitige Ausbildung von Blütentrieben) der Pflanzen zu verhindern.

Die Aussaat erfolgt von Mitte März bis Ende April. Der Reihenabstand beträgt 25–30 cm, die Saattiefe etwa 2 cm; innerhalb der Reihe wird nach dem Sichtbarwerden der Pflänzchen auf 8–10 cm vereinzelt. Empfehlenswerte alte Sorten heißen beispielsweise »Mammouth« oder »Sandwich Islands«.

Die Ernte beginnt dann im Herbst des ersten Jahres, aber nicht vor Ende September. Im Spätherbst kann nämlich noch ein deutlicher Massezuwachs erfolgen. Da die Wurzeln absolut frosthart sind, können sie auch über Winter im Boden verbleiben und nach Bedarf geerntet werden. Wenn man sie bis April nicht erntet, kommen sie im Folgejahr zur Blüte und die Wurzel wird ungenießbar holzig.

Beim Ausgraben der langen Wurzeln sollten Sie vorsichtig agieren, da sie sehr leicht brechen und Milchsaft austritt. Das beeinträchtigt die Lagerfähigkeit.

Haferwurzel auf karamellisierten Schalotten (vegetarisch/vegan)

Für 4 Personen, 30 Min.

- 800 g geschälte Haferwurzeln
- 150 ml Gemüsebrühe
- ½ TL Fenchel (gemörsert)
- 4 EL Butter oder Margarine
- 400 g Schalotten
- 2 EL brauner Zucker
- 100 ml Rotwein
- 2 EL Balsamicoessig
- 1 TL Sojasoße
- Salz
- Pfeffer
- Schnittlauch

Haferwurzel in fingerdicke Scheiben schneiden. Mit 2 EL Butter und Fenchel andünsten. Mit Brühe aufgießen und 15 Minuten garen lassen, bis die Flüssigkeit verdampft ist.

Schalotten schälen, halbieren und in Ringe schneiden. In 2 EL Butter unter Rühren glasig dünsten. Zucker und Pfeffer dazugeben und unter Rühren 5–10 Minuten karamellisieren lassen. Mit Wein, Balsamico und Sojasoße ablöschen. Dünsten, bis fast alle Flüssigkeit verdunstet ist. Mit Salz würzen, auf Schalotten anrichten und mit Schnittlauch servieren.

Haferwurzel-Nudelpfanne (vegetarisch)

Für 4 Personen, 25 Min.

- 400 g Dinkelspirelli
- 300 g geschälte Haferwurzeln
- 1 Knoblauchzehe
- 3 EL Olivenöl
- 150 ml Sahne
- 1 TL Sojasoße
- Salz
- Pfeffer
- 70 g Pecorino oder Parmesan

Dinkelspirelli nach Packungsanleitung in Salzwasser al dente kochen.

Haferwurzel in Scheiben schneiden. Mit Öl in einer Pfanne erhitzen und etwa 5 Minuten braten. Mit Sahne und Sojasoße aufgießen und bei niederer Temperatur weiterdünsten, bis die Wurzeln gar sind. Gepresste Knoblauchzehe dazugeben.

Nudeln unter das Gemüse ziehen, mit Salz und Pfeffer würzen und Pecorino darüberhobeln.

TIPP Veganer können auch Tomatensoße verwenden und auf den Käse verzichten.

Haferwurzel-Nudelpfanne

Knolliger Kälberkropf, Kerbelrübe

Chaerophyllum bulbosum (Doldenblütengewächse)

Heilwirkung: appetitanregend, präbiotisch (Seite 14), antikarzinogen

Geschmack: Knollen süßlich aromatisch, nach Maronen und Pastinaken

Ein wildes Feinschmeckergemüse

Der Knollige Kälberkropf (Chaerophyllum bulbosum) wird auch Kerbelrübe oder Rübenkerbel genannt, weil seine fein gefiederten Blätter denen des Wiesenkerbels gleichen. Der Kälberkropf ist eine heimische Wildpflanze, die recht selten an Flussufern vorkommt. Sie wurde schon im Mittelalter in Klöstern und Bauerngärten angebaut. 1588 beschreibt der Arzt und Botaniker Tabernaemontanus die Pflanze in seinem Kräuterbuch und warnt davor, dass sie wegen der ähnlichen Blätter mit dem giftigen Gefleckten Schierling verwechselt werden könnte. Dieser hat allerdings keinen borstig behaarten Stängel und seine Blätter riechen im Gegensatz zum Knolligen Kälberkropf sehr unangenehm (Mäuse-Urin). Außerdem bildet der Schierling keine Wurzelknolle aus.

Wie viele alte Wurzelgemüse verlor auch die Kerbelrübe durch die Einführung der Kartoffel an Bedeutung. Heute ist sie wieder zu einem seltenen Feinschmeckergemüse geworden, das vor allem in der französischen Gourmetküche nachgefragt wird. Aufgrund der Seltenheit und der geringen Erträge wird das delikate Gemüse sehr teuer angeboten.

Gesundheits-Check

Die fettarme Kerbelrübe enthält sehr viele Proteine und Stärke (bis zu 50 %) sowie auch etwas Zucker und das Präbiotikum Oligofructose. Bei der Lagerung im kühlen Keller wird ein Teil der Stärke in Zucker umgewandelt. Außerdem liefert sie hochwertige Aminosäuren sowie wertvolle Mineralstoffe wie Kalium und Magnesium. Diese beiden Elektrolyte sind unentbehrlich für das Herz. Ein Mangel kann Herzrhythmusstörungen und Herzschwäche begünstigen. Typische Mangelerscheinungen von Kalium sind Müdigkeit und Muskelschwäche, während sich Magnesiummangel durch Muskelzittern und Muskelkrämpfe äußert.

In der Heilkunde spielt der Knollige Kälberkropf kaum eine Rolle. Selbst der Arzt Tabernaemontanus (1525–1590), der nahezu alle im Mittelalter gebräuchliche Heilpflanzen beschreibt, gibt einen Hinweis auf die seltene Nutzung in der Medizin: »Wenn dieses Kraut den Medizinern bekannter wäre als es ist, möcht es nützlich samt seiner süßen Wurzel in der Kost in vielen Gebrechen gebraucht werden ...« Immerhin empfiehlt

Die Kerbelrübe entfaltet erst im zweiten Jahr ihre zarten Doldenblüten.

Die kleinen Knollen der Kerbelrübe werden meist nur 5-6 cm lang.

er, daraus Suppen und Mus herzustellen, »als heilsame Arznei für Lungensüchtige, Hustende und Schwindsüchtige«. Außerdem beschreibt er die Wurzel als appetitanregend und die Menstruationsblutung fördernd. In der heutigen Volksmedizin hat die Pflanze keine Bedeutung mehr. Anhand der enthaltenen sekundären Pflanzenstoffe kann davon ausgegangen werden, dass die Rüben eine potenzielle Antikrebswirkung besitzen.

Kleine Knolle, große Delikatesse

Die kleine Knolle der Kerbelrübe wird etwa 2–5 cm dick und 5–8 cm lang. Sie besitzt eine ockerfarbene Haut und ist innen gelblich weiß. Roh schmecken die Knöllchen etwas scharf und haben einen knackigen Biss. Sie können wie Rettiche mit etwas Salz bestreut gegessen werden.

Gekocht sind die Knollen eine Delikatesse: Sie besitzen einen süßlichen und ganz leicht bitteren Geschmack, der insgesamt an Esskastanien (Maronen) und Mandeln erinnert. Außerdem erinnern sie auch etwas an Pastinake und Petersilienwurzel. Kein Wunder, denn sie enthalten ein ähnliches ätherisches Öl.

Die kleinen Wurzeln eignen sich geschält wunderbar für Suppen, Eintöpfe und Püree oder als Ofen- und Pfannengemüse. Letzteres ist wohl die beste Methode, die besonderen Aromen pur zu genießen: Einfach schälen, in etwas Butter oder Olivenöl anbraten und würzen! Man kann sie aber auch in der Schale in Wasser kochen und danach das süßliche mehlige Mark aus der Schale lösen. Beim Kochen bekommen die Knollen eine Konsistenz, die an mehligkochende Kartoffeln erinnert.

Anbau im Garten

Sie können die Kerbelrübe wild sammeln oder im Garten kultivieren. Die beste Knollenbildung hat sie auf leichten, sandigen und tiefgründigen Böden. Am liebsten steht sie an halbschattigen Standorten mit einer guten Feuchtigkeitsversorgung. Der Anbau der Kerbelrübchen ist nicht ganz einfach, denn der Weg von der Aussaat bis auf den Teller dauert fast ein Jahr.

Die Kerbelrübe ist eine zweijährige Pflanze, das heißt, sie blüht im zweiten Jahr, danach stirbt die Knolle ab. Die Knolle sollte also im ersten Jahr geerntet werden, auch weil die Wurzel während der Blüte holzig wird. Der Samen bleibt nur wenige Monate keimfähig, weshalb er in der Regel gleich nach Saatguternte im September/Oktober ausgesät wird. Der Kaltkeimer benötigt mindestens 6 Wochen Kälte, weshalb er erst im kommenden Frühjahr keimt. Es wird in Reihen mit 25–30 cm Abstand ausgesät, Saattiefe 2 cm.

Nach Aufgehen der Saat im Frühling sollten Sie in der Reihe auf 6–8 cm vereinzeln. Die Wurzeln können Sie dann ab Juli ernten. Allerdings gewinnen sie erheblich an Aroma, wenn sie bis zum Spätherbst (Oktober) in der Erde bleiben. Ernten Sie sehr vorsichtig, denn verletzte Rübchen beginnen schnell zu faulen.

Wenn Sie keine Wühlmäuse im Garten haben, können Sie die Knollen auch über Winter draußen in der Erde lassen (frosthart!). Ansonsten werden sie im kühlen Keller in feuchtem Sand eingelagert. Ab und zu wird auch die Sibirische Kerbelrübe *(Chaerophyllum prescotti)* angebaut, die etwas größer wird, aber wesentlich weniger Aroma entwickelt.

Risotto mit Kerbelrübe (vegetarisch)

Für 2 Personen, 30 Min.

- 1 Zwiebel
- 2 EL Olivenöl
- 150 g Risottoreis
- 100 ml Weißwein
- 500 ml Gemüsebrühe
- 300 g Kerbelrüben
- Salz
- Pfeffer
- 40 g Pecorino oder Parmesan

Gemüsebrühe erhitzen und warm halten. Zwiebel schälen und kleinhacken. Kerbelrüben schälen und in Würfel schneiden.

Öl in einer Pfanne erhitzen und Zwiebel andünsten. Reis zugeben und einige Minuten mitdünsten, bis er glasig wird. Mit Weißwein ablöschen und Flüssigkeit bei niedriger Hitze verdunsten lassen. Kerbelrüben dazugeben. Dann nach und nach etwas Gemüsebrühe dazugießen. Immer erst nachgießen, wenn die Flüssigkeit aufgebraucht ist. Weiterdünsten, bis die Wurzeln und der Reis gar sind, was 15–18 Minuten dauert.

Zum Schluss mit Salz und Pfeffer abschmecken und den Käse unterziehen.

Kerbelrüben-Rösti (vegetarisch)

Für 4 Personen, 25 Min.

- 600 g Kerbelrüben
- 2 Frühlingszwiebeln oder eine Stange Lauch
- 2 Eier
- 2 EL Mehl
- 1 TL gekörnte Brühe/Gemüsebrühe
- Kräutersalz
- Pfeffer
- Muskat
- Butterschmalz oder Kokosöl zum Ausbacken

Kerbelrüben schälen und grob raspeln. Frühlingszwiebeln/Lauch fein schneiden. Alles zusammen mit Eiern, Mehl und Gewürzen mischen.

Fett in einer Pfanne erhitzen und Teigmasse esslöffelweise in die Pfanne geben. Dann leicht flachdrücken und von beiden Seiten je 4 Minuten knusprig ausbacken.

TIPP Kerbelrübenrösti schmeckt wunderbar zu Feldsalat mit Croûtons. Wenn Sie nicht genügend Kerbelrüben haben, können Sie auch Pastinaken dazunehmen.

Kerbelrüben-Rösti

Große Klette

Arctium lappa (Korbblütengewächse)

Heilwirkung: appetitanregend, harntreibend, präbiotisch (Seite 14), antikarzinogen, blutdrucksenkend, leberprotektiv

Geschmack: Stängel artischockenähnlich, Wurzeln ähnlich wie die Schwarzwurzel

In Japan als Gemüse beliebt

Die Große Klette *(Arcticum lappa)* ist eine Wildpflanze, der wir recht häufig an Weg- und Ackerrändern begegnen. Sie fällt zum einen durch ihre bis zu 50 cm großen Blätter auf, zum anderen durch die kugeligen Blütenkörbchen, die aufgrund ihrer Widerhaken an Kleidern und Tierfellen haften bleiben. Diese Verbreitungsform gab der Klette den Namen, denn das indogermanische *kletta* bedeutet »die Haftende«. Die Klette war übrigens im Jahre 1951 die Inspiration für den Klettverschluss und gab ihm auch den Namen.

Die Klette war schon den Römern als Heilpflanze bekannt und im Mittelalter ließ sie Karl der Große auf seinen Landgütern per Dekret anbauen. Sie wurde damals auch als Wurzelgemüse genutzt. Diese Tradition ist in Europa leider verloren gegangen, aber in Japan, Taiwan und Korea noch sehr geläufig. In Japan wurde eine Kulturform der Großen Klette selektiert, die weniger verzweigte und dafür etwas kräftigere Pfahlwurzeln ausbildet. Sie wird Gobo genannt und ist bei uns unter dem Namen Speiseklette *(Arcticum lappa* var. *edulis)* als Saatgut erhältlich. Außer der Großen Klette und der Speiseklette können auch noch zwei weitere wild vorkommende Arten als Heil- oder Speisepflanzen verwendet werden: die Kleine Klette *(Arcticum minus)* und die Filzige Klette *(Arcticum tomentosum)*.

Gesundheits-Check

Die Klettenwurzel ist fettarm und enthält zahlreiche Vitamine der B-Gruppe, vor allem das nerven- und abwehrstärkende Vitamin B_6. Der B-Vitamin-Komplex umfasst acht Vitamine, die wichtige Funktionen für den Körper haben. Sie sind zum Beispiel an der Umwandlung von Kohlenhydraten, Eiweiß und Fetten beteiligt.

Erwähnenswert ist auch der hohe Magnesium- und Eisengehalt. Magnesium verhindert Muskelkrämpfe und beugt Herzrhythmusstörungen vor. Die in der Wurzel enthaltenen Kohlenhydrate bestehen überwiegend aus Inulin, was sie zum einen für Diabetiker interessant macht und zum anderen zu einer gesunden Darmflora beiträgt.

Die Klettenwurzel enthält neben den Nährstoffen sehr viele heilkräftige Inhaltsstoffe (sekundäre Pflanzenstoffe). Deshalb ist sie

Die Blüten besitzen spitze, hakenförmige Hüllblätter.

In der Volksmedizin nutzt man den Tee aus der Wurzel bei Hauterkrankungen.

schon bei den alten Römern als Heilpflanze in Gebrauch gewesen. Sie wird traditionell vor allem als harntreibendes, schweißtreibendes und entgiftendes Heilmittel eingesetzt. Außerdem fördert die Wurzel die Leber- und Gallenfunktion. Neuere Studien weisen zudem darauf hin, dass die Wurzel stark antioxidativ, antiviral und antikarzinogen wirksam ist. Außerdem wirkt sie blutdrucksenkend und leberschützend.

Selbst in der Kosmetik hat sie sich einen Namen gemacht, denn das Klettenwurzelöl gilt als wunderbare Haarwurzelkur, die sogar den Haarwuchs fördern soll. Zur Herstellung des Öls werden frische Wurzeln zwei Wochen lang in Mandelöl ausgezogen und dann abgefiltert.

Vergessene Feinschmeckerwurzel

Die fleischige cremefarbene Klettenwurzel ist eine Delikatesse, die in Asien als Gemüse sehr geschätzt wird. Sie wird dort sehr oft in Suppen eingesetzt oder in Sesamöl geschmort. Der nussige Geschmack der Wurzel erinnert etwas an die Schwarzwurzel.

Vor der Verarbeitung wird die schwarze Rinde geschält oder abgeschabt. Die Wurzel kann auch geraspelt in Rohkostsalate gegeben werden. Gedünstet oder als Pfannen- und Ofengemüse harmoniert sie sehr gut mit Süßkartoffeln. Wichtig ist, dass die zweijährige Wurzel im ersten Jahr geerntet wird, da sie sonst ungenießbar holzig wird (siehe Anbau im Garten). Aber nicht nur die wohlschmeckende Wurzel ist für die Küche interessant, sondern auch die ganz jungen Blätter (als Spinat zubereitet) und die Stängel des Blütentriebes. Die Blätter sind etwas bitter, aber die Stängel schmecken gedünstet nach Artischocke. Die Stängel werden vor der Zubereitung geschält und Sie sollten sie unbedingt vor Blühbeginn ernten.

Anbau im Garten

Sie können die Große Klette wild sammeln, aber es lohnt sich, auch sie in den Garten zu holen. Damit sich große Wurzeln ausbilden, sollte der Boden locker und tiefgründig sein. Da sie etwas näherstoffreichere Böden liebt, kann man sie mit etwas Kompost versorgen. Für den Anbau empfiehlt sich die Aussaat der Speiseklette *(var. edulis)*, die besonders schöne und kräftige Wurzeln entwickelt und zudem etwas weniger Bitterstoffe enthält als die heimische Form. Empfehlenswerte Sorten sind »Gobo« und »Watanabe early«.

Die zweijährige Klette wird einjährig kultiviert, da die Wurzel im zweiten Jahr zu verholzen beginnt. Der Samen wird von März bis Mai ausgesät. Die Saattiefe beträgt etwa 1 cm. Die Keimung erfolgt langsam innerhalb von 3–4 Wochen. Da sich die Klette zu einer ziemlich großen Pflanze entwickelt, sollten Sie einen Reihenabstand von 50 cm wählen; innerhalb der Reihe beträgt der Abstand 30 cm.

Ab September kann die Ernte beginnen. Die zerbrechlichen Wurzeln müssen vorsichtig ausgegraben werden, denn sie können bis zu 80 cm tief wurzeln. Es ist aber auch möglich, dass Sie die frostharten Wurzeln über Winter in der Erde lassen und nach Bedarf ausgraben. Bis Februar sollte die Ernte aber abgeschlossen sein, sonst werden die Wurzeln holzig. Wenn man sie stehen lässt, kommt sie im zweiten Jahr zur Blüte und Samenbildung.

Klettenwurzel-Gemüse (vegetarisch)

Für 4 Personen, 40 Min.

- 600 g Klettenwurzeln
- ca. 300 ml Gemüsebrühe
- 1 Zwiebel
- 4 EL Butter
- 2 EL Mehl
- 200 ml Milch
- 50 ml Sahne
- Salz
- Pfeffer

Klettenwurzeln schälen und in gleichmäßige Stücke schneiden. In Gemüsebrühe ca. 20 Minuten dämpfen und dann abgießen. Gemüsebrühe auffangen und 250 ml abmessen.

Kleingeschnittene Zwiebel in Butter dämpfen, Klettenwurzeln zugeben. Unter Rühren mit Mehl bestäuben, mit 250 ml Gemüsebrühe und Milch ablöschen. Aufkochen lassen und 5 Minuten garen. Mit Sahne verfeinern und mit Salz und Pfeffer abschmecken. Mit Bratkartoffeln oder Reis servieren.

TIPP Falls Sie die heimische Große Klette statt der Speiseklette verwenden, sollten Sie die Wurzelstücke nach dem Schälen 10 Minuten in warmes Wasser einlegen, um ein Teil der Bitterstoffe zu entfernen.

Klettenwurzel japanisch (vegan)

Für 2–3 Personen, 25 Min.

- 250 g Klettenwurzeln (jap. Gobo)
- 150 g Karotten
- 2 EL Sesamöl
- 2 EL Sojasoße (Shoyu)
- 1 EL Gemüsebrühe oder Wasser
- 5 TL Mirin (süßer Reiswein)
- 3 TL Sake (Reiswein)
- 2 TL Kokosblütenzucker
- 1 EL Sesam

Klettenwurzeln schälen und in dünne Stifte schneiden. Die Stifte legt man für einige Minuten in warmes Wasser, damit sie etwas entbittert werden. Die abgetropften Klettenwurzeln in die Pfanne geben und im Öl ca. 7 Minuten anbraten. Dann in Stifte geschnittene Karotten zugeben und unter Rühren weitere 5 Minuten braten.

Sesamsamen in einer Pfanne ohne Fett anrösten. Alle weiteren Zutaten vermischen und in die Gemüsepfanne geben. Nun 5–6 Minuten dünsten, bis alle Flüssigkeit verdampft ist. Mit dem gerösteten Sesamsamen bestreuen und servieren.

Klettenwurzel japanisch

Knollenziest

Stachys affinis (Lippenblütengewächse)

Heilwirkung: präbiotisch (Seite 14), harntreibend, entzündungshemmend, antikarzinogen

Geschmack: junge Blätter schmecken gedünstet pilzartig mit Bitternote, Knollen nussiges Aroma, das an Schwarzwurzel erinnert

Ein Lippenblütler mit Knollen

Der Knollenziest kommt ursprünglich aus China und Japan, weshalb er im Volksmund auch Chinesische Artischocke oder Japanische Kartoffel genannt wird. Erst im Jahre 1882 kam das asiatische Gewächs nach Europa und wurde dann vor allem in Frankreich kultiviert. Auch in Deutschland, England und der Schweiz breitete sich der Anbau der unterirdischen Knollen in den Hausgärten aus.

Allerdings verschwand das Interesse an der neuen Pflanze schon nach einigen Jahrzehnten. Nach den beiden Weltkriegen kam der Anbau in Europa fast völlig zum Erliegen. Erst seit etwa 30 Jahren wird der Knollenziest wieder häufiger angebaut und taucht vor allem in Feinschmeckerrestaurants auf. In Frankreich werden die Knöllchen noch öfters angeboten als bei uns, man nennt sie dort »crosne«.

Es kommt selten vor, dass Pflanzen aus der Familie der Lippenblütengewächse als Wurzelgemüse kultiviert werden. Und doch war der Knollenziest in dieser Hinsicht keine Neuentdeckung. Denn in Europa sammelte man schon seit Jahrhunderten die Knollen einer ganz nah verwandten Pflanze für Nahrungszwecke: Der Sumpfziest *(Stachys palustris)* ist die heimische Alternative zum Knollenziest. Auch hier bilden sich zahlreiche wohlschmeckende Wurzelknöllchen. Knollenziest und Sumpfziest sind übrigens auch attraktive Gartenpflanzen mit nesselähnlichen Blättern und hübschen Blütenähren, die im Juli und August zur Blüte kommen.

Gesundheits-Check

Knollenziest ist sehr nahrhaft und außergewöhnlich eiweiß- und ballaststoffreich. Er enthält vor allem das zu den Kohlenhydraten zählende Oligosaccharid Stachyose (ca. 18 %). Stachyose kann vom Menschen im Dünndarm nicht verdaut werden. Ähnlich wie Inulin hat sie deshalb keinen Einfluss auf den Blutzuckerspiegel. Sie wird erst im Dickdarm von Darmbakterien abgebaut. Der Stoff Stachyose zählt zu den sogenannten Präbiotika, die der Darmgesundheit förderlich sind. Sie sind ein unentbehrliches Nahrungsmittel für unsere guten Darmbakterien, vor allem Bifidobakterien und Laktobazillen. Wenn die »guten« Darmbakterien hungern, werden sie von

Junge Knollenziestblätter können wie Spinat zubereitet werden.

Im Sommer erscheinen die rot-violetten Blütenstände.

pathogenen »schlechten« Bakterienstämmen verdrängt und der Darm gerät aus dem Gleichgewicht. Außerdem ist das Mineral Kalium stark vertreten, das unentbehrlich ist für die normale Funktion von Zellen, Muskeln und Nerven.

Der Knollenziest ist in China nicht nur eine Gemüsepflanze, sondern auch als Heilmittel bekannt. Er wird dort hauptsächlich bei Erkältungen eingesetzt. Neuere Untersuchungen deuten darauf hin, dass die Pflanze stark entzündungshemmende sowie antikarzinogene und neuroprotektive Eigenschaften (wirksam gegen Demenz, Alzheimer) aufweist.

Der bei uns heimische Sumpfziest wurde in der Volksheilkunde vor allem wegen der krampflösenden und harntreibenden Wirkung eingesetzt. Außerdem nutzte man ihn im Mittelalter äußerlich zur Wundheilung.

Ungewöhnliche Knollen

Die daumendicken Speicherknollen des Knollenziests werden etwa 4–8 cm lang. Wegen der Einschnürungen ähneln sie einer Perlenschnur. Die dünne Haut der weißen Knöllchen muss nicht abgeschält werden.

Der Geschmack ist schwer zu beschreiben: Es ist eine Mischung aus Artischocke, Schwarzwurzel und Topinambur mit nussigem Nachklang.

Um den besonderen Geschmack zu genießen, sollten Sie die Wurzelknollen solo zubereiten. Sie können den Knollenziest dünsten oder in der Pfanne anbraten und anschließend mit Sahne, Sauerrahm oder Nussbutter verfeinern. Oder Sie bepinseln die Knollen mit etwas Olivenöl und backen sie im Ofen. Das knackige Gemüse eignet sich aber auch gut für Rohkost. In der japanischen und chinesischen Küche werden die Wurzeln süß oder sauer eingelegt.

Die Knollen des heimischen Sumpfziests können Sie genauso verwenden. Ihr Geschmack ist mehr nussig und pilzig.

Bei allen Ziest-Arten sind auch die jungen Blätter als Gemüse nutzbar. Wenn man sie als Spinat dünstet oder Suppen beifügt, entwickelt sich aufgrund der enthaltenen Iridoidglykoside ein pilzähnliches Aroma.

Anbau im Garten

Der mehrjährige winterharte Knollenziest entwickelt die schönsten Knöllchen, wenn er einen lockeren, krümeligen Boden hat. Vor allem benötigt er aber eine gleichmäßige Feuchtigkeitsversorgung, denn genau wie der Sumpfziest verträgt er keine Trockenheit. Er wird nicht gesät, sondern wie Kartoffeln über die Wurzelknollen vermehrt.

Von März bis April legen Sie jeweils 2–3 Knollen zusammen in ein 10 cm tiefes Pflanzloch. Der Pflanzabstand beträgt etwa 40 cm. Aus einer Knolle entwickeln sich 20–30 Ausläuferknöllchen. Wenn die Pflanzen etwa 10 cm hoch gewachsen sind, können sie wie Kartoffeln mit Erde angehäufelt werden, damit sich zusätzliche Knollen ausbilden.

Ab Mitte Oktober beginnen die Blätter zu welken und dann können Sie allmählich mit der Ernte der kleinen Knöllchen beginnen. Da sie nicht gut lagerfähig sind, bleiben sie am besten über Winter im Boden und werden immer nach Bedarf frisch geerntet. Bei starkem Frost ist eine Abdeckung mit Stroh hilfreich. Bis zum Neuaustrieb im Februar kann die Ernte fortgesetzt werden. Die im Frühjahr geernteten Knöllchen können Sie dann gleich wieder für eine Neupflanzung nutzten.

Knollenziest in Sahnesoße (vegetarisch)

Für 2–3 Personen, 20 Min.

- 400 g Knollenziest
- 2 Schalotten
- 2 EL Olivenöl
- 150 ml Sahne
- 1 TL gekörnte Brühe/Gemüsebrühe
- Salz
- Pfeffer
- Thymian, getrocknet
- Optional: 50 g Emmentaler oder Bergkäse (gerieben)

Schalotten schälen und in Ringe schneiden. Knollenziest waschen und bürsten und in 2–3 cm große Stücke teilen.

Schalotten und Knollenziest in Öl anbraten. Dann Temperatur drosseln und 5–6 Minuten dünsten. Mit Sahne aufgießen und noch einige Minuten ziehen lassen. Der Knollenziest soll noch etwas Biss haben. Mit Gewürzen abschmecken und servieren.

Wer mag, kann zum Schluss noch Käse in die Sahnesoße einrühren und schmelzen lassen.

TIPP Ziehen Sie frische Tagliatelle unter die Knollenziest-Sahnesoße oder reichen Sie dazu Basmatireis.

Knollenziest auf Blattspinat (vegan)

Für 2–3 Personen, 25–30 Min.

- 400 g Knollenziest
- Gemüsebrühe
- 550 g Blattspinat
- 2 EL Olivenöl
- 1 Knoblauchzehe
- 80 g weißes Mandelmus
- 150 ml Wasser
- 1 EL Sojasoße
- 1 TL gekörnte Brühe/Gemüsebrühe
- Salz
- Pfeffer

Knollenziest waschen, bürsten und mit wenig Gemüsebrühe im geschlossenen Topf knapp 10 Minuten dünsten. Dann abgießen und warm halten.

Spinat in Streifen schneiden und in Öl andünsten, bis er zusammenfällt. Knoblauch pressen und zugeben.

Mandelmus mit Wasser und Sojasoße zu einer Creme verrühren und unter den Spinat ziehen. Aufkochen lassen, mit Gewürzen abschmecken und zum Knollenziest servieren.

Knollenziest auf Blattspinat

Meerrettich

Amoracia rusticana
(Kreuzblütengewächse)

Heilwirkung: antibiotisch, antikarzinogen, appetitanregend, schleimlösend, Abwehrkräfte stärkend, durchblutungsfördernd (äußerlich)

Geschmack: Wurzeln mit beißender Schärfe

Spekulationen zur Namensherkunft

Der Meerrettich *(Amoracia rusticana)* kommt ursprünglich aus Südrussland und der Ukraine, wo die Wildform noch zu finden ist. Von dort verbreitete er sich schon in der Antike als Heilmittel und Gewürz in Südeuropa. Vermutlich waren es die Römer, die seinen Anbau und seine Verbreitung förderten. Die älteste Abbildung eines Meerrettichs findet sich in den Ruinen der im Jahre 79 untergegangenen Stadt Pompeji. Dort wird auf einem Wandgemälde die römische Göttin Flora mit einer Meerrettichpflanze dargestellt.

In Mitteleuropa findet man erst ab dem 11. Jahrhundert Hinweise auf die Kultivierung der scharfen Wurzel. Die heutigen Vorkommen in der freien Natur sind Verwilderungen aus dem früheren Anbau in Gärten und auf Feldern.

Woher der Name Meerrettich kommt, wird von der Wissenschaft unterschiedlich gedeutet. Die plausibelsten Erklärungen sind folgende: »Meerrettich« kommt nicht vom »Meer«, sondern von »Mähre«, was ein alter Name für Pferd ist. Das deckt sich auch mit der englischen Bezeichnung *horseradish* und der Tatsache, dass er in der Tierheilkunde für Pferde Tradition hat.

Eine andere Deutung geht davon aus, dass es sich um einen größeren und schärferen Rettich handle – also »mehr Rettich«! Der Name Kren, der vor allem in Bayern und Österreich verwendet wird, stammt aus dem Slawischen. Das altslawische Wort *krenas* bedeutet weinen, und wer schon einmal frischen Meerrettich gerieben hat, versteht die Assoziation.

Gesundheits-Check

Meerrettich enthält für eine Wurzel sehr viel Vitamin C (114 mg/100 g). Außerdem finden sich darin viele Vitamine der B-Gruppe sowie die Mineralien Kalium (590 mg/100 g), Calcium (100 mg/100 g) und Eisen (1,4 mg). Keine andere Wurzel enthält so viele Mineralien. Der außergewöhnlich hohe Mineraliengehalt relativiert sich allerdings, da man die scharfe Wurzel nicht in großen Mengen verzehren kann.

In Bezug auf die Heilwirkung sind die enthaltenen Senföle wirkungsbestimmend. Diese entstehen bei Verletzung der Zellen aus Senfölglykosiden. Die Senföle des Meerrettichs haben vielseitige Heilwirkungen. Wissenschaftlich bestätigt ist eine antimi-

Der Meerrettich entwickelt bis zu 60 cm lange Blätter.

Die Pfahlwurzeln können bis zu 60 cm in die Erde reichen.

krobielle und antivirale Wirkung. Deshalb gilt Meerrettich als pflanzliches Antibiotikum, das bei Erkältungskrankheiten und Harnwegsinfektionen eingesetzt wird.

Es gibt auch Studien, die eine hemmende Wirkung auf Dickdarm- und Magenkrebszellen belegen. Außerdem stärkt die scharfe Wurzel die Abwehrkräfte und ist hilfreich bei Atemwegsinfekten. Beliebt ist die Herstellung eines schleimlösenden Hustensirups aus geriebener Wurzel und Honig. Schon Hildegard von Bingen verordnete Meerrettich bei Erkrankungen der Lunge.

Äußerlich nutzt man die geriebene Wurzel als hautreizendes und durchblutungsförderndes Mittel, zum Beispiel bei Muskelschmerzen und Rheuma. Die äußere Anwendung als Breiumschlag wird nur 4–5 Minuten lang ausgeführt, da die starken Reize zur Blasenbildung führen können. Der Brei (2 TL) kommt dabei nicht direkt auf die Haut, sondern wird in ein Taschentuch gegeben.

Ein Scharfmacher für die Küche

Die weißfleischige Meerrettichwurzel ist unverarbeitet geruchslos. Erst wenn sie angeschnitten wird, verströmt sie den stechend scharfen Geruch, der uns die Tränen in die Augen treibt. Verantwortlich ist der Stoff Allylisothiocyanat, der sich bei Verletzung der Zellen durch eine Enzymreaktion bildet. Die starke Schärfe ist auch der Grund dafür, dass Meerrettich seit Jahrhunderten als Gewürz verwendet wird.

Besonders scharf ist die rohe geriebene Wurzel, denn durch Erhitzen oder Trocknen geht die beißende Schärfe weitgehend verloren. Deshalb ist es sinnvoll, ihn erst im letzten Moment warmen Gerichten zuzufügen.

Frischer Meerrettich eignet sich zum Würzen von Rote-Bete-Salat, Quark und Frischkäse. Außerdem dient er traditionell in Form von Meerrettichsoße oder -sahne als Beilage zu geräuchertem Fisch (Lachs, Forelle), Schinken, Rindfleisch (Tafelspitz) oder Würstchen.

Nach dem Reiben sollte der Meerrettich möglichst rasch verarbeitet werden, da er sich sonst unschön verfärbt. Im Frühling können auch die frisch getriebenen Blätter als scharfes Gewürz für Salate oder Kräuterquark genutzt werden.

Anbau im Garten

Der Meerrettich benötigt gut durchwurzelbare, tiefgründige Böden. Gleichmäßige Feuchtigkeit sorgt für ein gutes Wachstum. Dann entwickelt er eine schöne Pfahlwurzel mit vielen Seitenwurzeln.

Gepflanzt werden die bleistiftdicken Seitenwurzeln (auch Fechser genannt), die im Herbst bei der Ernte der Mutterpflanzen anfallen. Die 25–40 cm langen Fechser werden gleich im Herbst nach der Ernte gepflanzt, oder Sie lagern sie über Winter in feuchtem Sand und pflanzen dann im folgenden Frühjahr (April). Mit einem Pflanzholz wird ein leicht schräg verlaufendes Loch gestochen, in das der Fechser eingelegt wird. Das obere Wurzelende sollte gerade mit Erde bedeckt sein. Der Reihenabstand beträgt 60 cm, innerhalb der Reihe 30 cm.

Im Sommer (Juni/Juli) legen Sie die Wurzelstöcke im oberen Teil frei, um die Seitenwurzeln zu entfernen und so das Wachstum der stärksten Wurzel zu fördern. Der untere Teil der Pflanze bleibt in der Erde! Nach dem Entfernen der Triebe bedecken Sie die Wurzel wieder mit Erde.

Die Ernte beginnt mit Absterben der Blätter ab November. Zur Lagerung werden die Wurzeln in feuchten Sand eingeschlagen. Sie können die frostharten Wurzeln aber auch bis Ende Februar im Boden lassen und nach Bedarf ernten.

Meerrettich-Erkältungshonig oder -sirup

Für 1 kleines Glas, 5 Min.
(ohne Auszugszeit)

- 3 EL Meerrettich (frisch gerieben)
- 2 EL Ingwer (frisch gerieben)
- 6 EL Honig (flüssig)
- 1 EL Zitronensaft

Meerrettichstange und Ingwerknolle schälen und fein reiben.

Alle Zutaten vermischen, gut durchrühren und 1 Stunde ziehen lassen. Man kann den Honig in dieser Form einnehmen oder man filtert ab und nutzt nur den flüssigen Sirup. Der Erkältungshonig sollte nicht länger als 3 Tage aufbewahrt werden.

Dosierung: 3–4-mal täglich 1–2 TL. Hilfreich bei Erkältungen, Husten und Bronchitis. Außerdem wird das Immunsystem gestärkt.

Meerrettichsoße (vegetarisch)

Für 4 Portionen, 15 Min.

- 80–100 g Meerrettich
- 60 g Butter
- 50 g Mehl
- 400 ml Gemüsebrühe
- 100 ml Sahne
- Salz

Zuerst die Mehlschwitze herstellen, indem die Butter geschmolzen und das Mehl kräftig untergerührt wird. Dann unter Rühren mit Brühe ablöschen und aufkochen lassen.

Inzwischen Meerrettich schälen und fein reiben oder mixen. Meerrettich in die Soße rühren und 2–5 Minuten köcheln lassen. Zum Schluss Sahne und Gewürze dazugeben. Die Soße ist eine klassische Zugabe zu Tafelspitz oder zu hart gekochten Eiern.

Meerrettich-Erkältungssirup

Nachtkerze

Oenothera biennis (Nachtkerzengewächse)

Heilwirkung: antikarzinogen, cholesterinsenkend, entzündungshemmend (Samen), reizlindernd (Samen)

Geschmack: junge Blätter nach Mangold und Spinat, Wurzeln ähnlich wie die Schwarzwurzel

Kraftwurzel aus Amerika

Die Gewöhnliche Nachtkerze *(Oenothera biennis)* kam im 17. Jahrhundert aus Nordamerika als Zierpflanze zu uns und hat sich seither stark verbreitet. Inzwischen sind noch Dutzende weitere Nachtkerzenarten dazugekommen, die sich ebenso eingebürgert haben. Dazu zählt beispielsweise die Rotkelchige Nachtkerze *(Oenothera glazioviana)* mit ihren großen Blüten. Es ist letztendlich nicht wichtig, sie genau zu unterscheiden, da alle in gleichem Maße nutzbar sind. Der Name Nachtkerze kommt daher, dass sich die gelben Blüten in den Abendstunden öffnen und nachts von Nachtfaltern besucht werden.

Schon bald nach der Einwanderung der neuen Pflanze entdeckten die Menschen, dass die Wurzeln, Blätter und Blüten essbar waren, sodass die Nachtkerzen vielerorts als Gemüse kultiviert wurden. Die Wurzel galt als stärkend und sättigend. Alte Sprichwörter belegen die Beliebtheit der neuen Gemüsepflanze, so hieß es, ein Pfund Nachtkerzenwurzel gebe so viel Kraft wie ein Zentner (50 kg) Ochsenfleisch. Man nannte das neue Gemüse damals Schinkenwurz oder Rapontika. Der Name Schinkenwurz kommt von der rötlichen Färbung der rübenartigen Pfahlwurzel, die unsere Vorfahren an Schinken erinnerte.

Zu Goethes Zeiten war das Gemüse noch sehr verbreitet, denn im Jahre 1810 legte er einem Brief an seine Frau Rapontika-Samen bei, den sie »im May auf ein wohlbestelltes Ländchen« säen sollte. Ende des 19. Jahrhunderts wurde die Nachtkerze von modernen Wurzelgemüsen verdrängt und geriet in Vergessenheit. Eine neue Karriere startete sie erst den letzten Jahrzehnten, als man entdeckte, dass der Samen ein besonders wertvolles Öl mit einem hohen Anteil von Linolsäure enthält. Seither wird die Pflanze auch kommerziell angebaut und von der pharmazeutischen und kosmetischen Industrie verarbeitet.

Gesundheits-Check

Die Wurzeln der Nachtkerze sind leider noch nicht auf ihren Nährstoffgehalt untersucht worden. Sie haben vermutlich einen ähnlichen Gehalt an Proteinen und Stärke wie beispielsweise die Haferwurzel. Da es sich um eine Wildpflanze handelt, ist davon auszugehen, dass sie deutlich mehr Inhaltsstoffe anzubieten hat als vergleichbare Gemüsezüchtungen. Allerdings weiß man, dass die sekundären Pflanzenstoffe, die sich

Die großen Blüten der Rotkelch-Nachtkerze eignen sich für Hustentee.

Die Nachtkerzenwurzeln haben am Blattansatz meist eine rötliche Färbung.

in Blättern, Blüten, Samen und Wurzeln befinden, reichlich vertreten sind. Diese Stoffe sind maßgeblich für die gesundheitliche Wirkung verantwortlich und machen die Nachtkerze zu einer hilfreichen Heilpflanze. Bereits die nordamerikanischen Ureinwohner nutzten Blätter, Blüten und Wurzeln als Nahrungsmittel und als Medizin. Auch der Samen wurde als Heilmittel eingesetzt. Die Algonkin nutzten einen Breiumschlag aus dem Samen bei Hauterkrankungen. Die Navajo verwandten die Blüten bei Husten.

Neuere Untersuchungen entdeckten in der Nachtkerzenwurzel Inhaltsstoffe mit krebshemmender Wirkung und auch cholesterinsenkende Stoffe. In der heutigen Naturheilkunde spielt jedoch vor allem das Nachtkerzenöl eine Rolle. Der kleine Samen enthält große Mengen mehrfach ungesättigter Fettsäuren, unter anderem Gamma-Linolensäure und Linolsäure. Das entzündungshemmende und reizlindernde Samenöl ist beispielsweise hilfreich bei Neurodermitis, Herz-Kreislauf-Erkrankungen und bei Wechseljahresbeschwerden.

Eine schmackhafte Gemüserarität

Die Nachtkerzenwurzel ist eine Rarität, die es nirgends zu kaufen gibt. Sie müssen sie entweder in der Natur ernten oder selbst im Garten aussäen. Nach dem Schälen oder Abschaben verfärbt sich die Wurzel braun, weshalb man sie bis zur Weiterverarbeitung gleich in Essig- oder Zitronenwasser legt. Die Nachtkerzenwurzel kann roh geraspelt als Rohkost oder gedünstet als Gemüse zubereitet werden. Die Wurzeln verfärben sich beim Kochen rötlich. Sie können die Wurzelstückchen andünsten, um sie anschließend in Bierteig zu tauchen und auszubacken. Die Wurzeln lassen sich auch als Ofengemüse zubereiten oder in Suppen verarbeiten.

Geschmacklich erinnert die Nachtkerzenwurzel etwas an die Schwarzwurzel. Roh gegessen hat sie eine leichte Schärfe. Solange die Nachtkerze als Blattrosette zu sehen ist, sind auch die jungen Blätter genießbar. Sie erinnern geschmacklich an Mangold. Während der Blütezeit können die mild süßlich schmeckenden Blüten und Knospen gegessen werden.

Anbau im Garten

Die Wurzeln der Nachtkerze können Sie wild sammeln oder Sie pflanzen sie sich in den Garten, wo sie auch größere Wurzeln ausbildet. Die Nachtkerze bevorzugt einen leichten, lockeren Boden. Die zweijährige Pflanze wird im Frühling (April–Mai) ausgesät. Nachtkerzen sind Lichtkeimer, weshalb der Samen kaum mit Erde bedeckt wird. Der Reihenabstand beträgt 25 cm, in der Reihe vereinzelt man auf 15 cm. Im ersten Jahr bildet sich nur eine Blattrosette.

Die Ernte der frostharten Wurzeln beginnt dann im Spätherbst (Oktober) und kann an frostfreien Tagen den ganzen Winter bis zum Frühjahr (März) fortgesetzt werden. Wenn dann im Frühling des zweiten Jahres der Austrieb beginnt, sollte die Ernte abgeschlossen sein, denn mit dem Aufwuchs des Blütentriebes wird die Wurzel holzig und ungenießbar.

Asia-Nachtkerzenwurzel-Pfanne (vegan)

Für 4 Personen, 20 Min.

- 700 g Nachtkerzenwurzeln
- 3 Schalotten
- 1 Knoblauchzehe
- 3 EL Kokosöl
- 2 TL gekörnte Brühe/Gemüsebrühe
- 2 TL Curry
- 1 EL Mandelmus
- 6 Datteln ohne Kern
- 200 ml Kokosmilch
- 1 EL Sojasoße
- Salz
- Pfeffer
- 1 Bund Petersilie o. Blattkoriander

Nachtkerzenwurzeln dünn schälen oder abschaben, in Scheiben schneiden und in Essig- oder Zitronenwasser legen.

Schalotten und Knoblauch fein würfeln und in Kokosöl andünsten. Wurzeln zugeben und etwa 5 Minuten braten. Kleingeschnittene Datteln, Gemüsebrühe, Mandelmus und Curry einrühren. Mit Kokosmilch und Sojasoße ablöschen, auf kleiner Flamme 10 Minuten köcheln lassen.

Mit Salz und Pfeffer würzen, mit Petersilie oder Blattkoriander garnieren.

Nachtkerzenwurzel-Suppe (vegetarisch)

Für 4 Personen, 30 Min.

- 350 g Nachtkerzenwurzeln
- 150 g Karotten
- 1 Petersilienwurzel
- 3 EL Butter
- 2 EL Vollkornmehl
- 1 Liter Gemüsebrühe
- 1 TL Sojasoße
- Salz
- Pfeffer
- Muskat
- 1 Eigelb
- 30 ml Sahne
- 1 Bund Schnittlauch

Wurzelgemüse schälen und in kleine Stücke schneiden. In Butter kurz andünsten. Mehl dazugeben und kräftig rühren, bis die Mehlschwitze etwas bräunt. Die Mehlschwitze bei ständigem Rühren mit der Gemüsebrühe aufgießen und aufkochen lassen. 20 Minuten bei geringer Hitze ziehen lassen.

Suppe vom Herd nehmen, mit Sojasoße und Gewürzen abschmecken. Zum Abschluss Eigelb und Sahne einrühren.

Mit fein geschnittenem Schnittlauch garnieren

Asia-Nachtkerzenwurzel-Pfanne

Oca, Knolliger Sauerklee

Oxalis tuberosa
(Sauerkleegewächse)

Heilwirkung: antioxidativ (freie Radikale!) präbiotisch (Seite 14)

Geschmack: junge Blätter wie Sauerampfer, Knollen kartoffelähnlich mit säuerlicher Note

Die Knolle aus den Anden

Der Knollige Sauerklee, auch Oca oder Peruanischer Sauerklee genannt, ist eine Pflanze der Anden, die in Kolumbien, Bolivien und Peru eine regionale Bedeutung als Kulturpflanze hat. In einer vermutlich über tausendjährigen Kultivierung sind viele unterschiedliche Sorten entstanden. Noch heute wird die Oca von Indios in einer Höhe von über 3000 m angebaut und hat dort in der Küche einen festen Platz.

In Europa konnten sich die etwa 4–6 cm großen und länglichen Knöllchen nicht durchsetzen. Im Jahre 1829 wurden sie erstmals von englischen Gärtnern »unter die Lupe genommen«, aber es kam zu keinem großflächigen Anbau. Der Knollige Sauerklee blieb bei uns ein unbekannter Exot, auch wenn er von wenigen Liebhabern nach wie vor kultiviert wird.

Ganz anders in Neuseeland, denn dort etablierte sich die 1860 eingeführte Knolle unter dem Namen Yam. Sie wird vor allem in Bioläden angeboten, ist aber auch in vielen Supermärkten erhältlich.

Gesundheits-Check

Die Oca-Knöllchen sind sehr stärkereich und sie enthalten viel Kalium, Eisen (1,6 mg/100 g) und Vitamin C. Neuere Untersuchungen haben gezeigt, dass die kleinen Knollen zahlreiche natürliche Antioxidantien besitzen und antibakterielle Eigenschaften vorweisen können. Außerdem ist die erhebliche Menge an Oligosacchariden der Darmgesundheit sehr zuträglich. Besonders die guten Darmbakterien werden dadurch gefördert.

Problematisch ist der hohe Oxalsäuregehalt der Pflanze, vor allem der Blätter, aber auch der Wurzeln. Die gelben Sorten haben etwas weniger Oxalsäure als die roten. Allerdings weisen die roten Sorten einen hohen Gehalt an zellschützenden Anthocyanen auf. Oxalsäurehaltige Lebensmittel sollten von Menschen mit einer Nierenerkrankung gemieden werden. Zu diesen Lebensmitteln gehören aber auch Mangold, Süßkartoffel, Spinat und Rote Bete, die allesamt mehr Oxalsäure als die Oca-Knolle enthalten.

Gesunde Menschen müssen bei normalen Verzehrgewohnheiten keine Nachteile durch Oxalsäure befürchten. Der Oxalsäuregehalt kann durch Kochen reduziert werden, da die Oxalsäure ins Wasser übergeht. Dementsprechend wird das Kochwasser dann nicht verwendet. Außerdem ist es hilfreich oxalsäurehaltige Lebensmittel mit Milchprodukten zuzubereiten, da Milch

Die kleeartigen Blättchen enthalten viel Oxalsäure und schmecken deshalb wie Sauerampfer.

Die kleinen Knollen eignen sich gut für Pfannengerichte, aber auch als Rohkost.

die Verfügbarkeit der Oxalsäure stark reduziert. Es ist sinnvoll, die Oca-Knolle nach der Ernte noch für einige Tage in die Sonne zu legen, was zum einen die Oxalsäure etwas reduziert und zum andern den Umbau von Stärke in Zucker anregt, wodurch die Knollen süßer werden.

Erfrischender Kartoffelgeschmack

Die knackigen Ocas eignen sich für Rohkostsalate, beispielsweise gemischt mit Möhren. Sie steuern dabei einen süßsauren Geschmack bei. Sie können auch in Sticks geschnitten und mit etwas Kräutersalz gewürz, roh geknabbert werden. Ähnlich wie Kartoffeln kann man sie aber auch frittieren, backen, braten, dünsten oder kochen. Der Geschmack ist dann sehr kartoffelähnlich mit einer erfrischenden Note. Sie eignen sich auch für Suppen und Eintöpfe. Die kleinen Knollen sind relativ schnell gar, nach 10 Minuten haben sie den gewünschten Biss! Sie werden vor der Zubereitung nicht geschält, sondern nur gründlich gewaschen und gebürstet.

Auch die jungen kleeartigen Blätter können Sie ähnlich wie Sauerampfer als zitroniges Gewürz einsetzen.

Anbau im Garten

Der mehrjährige Knollige Sauerklee wird einjährig kultiviert. Ein lockerer und humo-

ser Boden sowie ein halbschattiger Standort sind ideal. Volle Sonne wird nicht gemocht. Regelmäßiges Wässern ist vor allem im Sommer wichtig.
Inzwischen gibt es auch bei uns eine große Auswahl von Sorten, die sich vor allem farblich unterscheiden. Es gibt weißliche, gelbliche, grünliche, orangefarbene, lilafarbene und leuchtend rote Sorten. Gepflanzt werden die Knollen ab Anfang Mai, wenn die Gefahr starker Fröste vorbei ist. Leichte Spätfröste kann die Pflanze verkraften. Der Pflanzabstand beträgt 30–40 cm und die Pflanztiefe etwa 5 cm. Sie können jeweils 2–3 Knollen zusammen in die Erde legen.
Nach dem Blattaustrieb legen sich die Blätter im Laufe des Sommers flächig auf den Boden und überall, wo die Triebe Bodenkontakt bekommen, entstehen neue Knollen. Sie können dies fördern, indem Sie die langen Triebe von Hand etwas in die Erde drücken oder mit Erde bedecken.
Da es sich um eine Kurztagpflanze handelt, beginnt die Knollenbildung erst sehr spät im Herbst. Deshalb erfolgt die Ernte so spät wie möglich, nach dem ersten Frost, auf keinen Fall vor Ende Oktober. Sollte es vorher richtig kalt werden, können Sie die Pflanzen eventuell mit einer Noppenfolie vor Frost schützen. Sobald die Triebe aber abgefroren sind, muss geerntet werden.
Es gibt jedoch die Möglichkeit, die Kurztagpflanze auszutricksen, indem Sie ab Ende August die Tage künstlich verkürzen: Legen Sie am späten Nachmittag eine dunkle Folie über die Kultur, damit die Tageslänge etwa 12 Stunden beträgt. Die geernteten Knollen können in Sand eingeschlagen im dunklen und kühlen Keller eingelagert werden.

Oca im Backofen (vegetarisch)

Für 3–4 Personen, 40 Min. (mit Backzeit)

- 500 g Oca
- 300 g Hokkaido-Kürbis
- 4 EL Olivenöl
- Salz
- Pfeffer
- Curry
- 150 g Joghurt
- 150 g Magerquark
- 100 g Crème fraîche
- 2 EL Zitronensaft
- ½ TL gekörnte Brühe/Gemüsebrühe
- 1 Knoblauchzehe (gepresst)

Oca bürsten und halbieren, Kürbis mit Schale in Spalten oder Würfel schneiden. In einer Schüssel mit Olivenöl und Gewürzen mischen.

Backblech mit Backpapier auslegen und Gemüse darauf verteilen. Bei 180 °C 30–35 Minuten backen, bis das Gemüse gar ist.

Inzwischen aus den restlichen Zutaten einen Dip rühren.

Oca-Suppe (vegetarisch)

Für 2–3 Personen, 20 Min.

- 400 g Oca
- 1 Zwiebel
- 1 Karotte
- 1 Wurzelpetersilie
- 40 g Butter
- 500 ml Gemüsebrühe
- 150 ml Sahne oder Kokosmilch
- Salz
- Pfeffer
- Muskat
- 1 TL Sojasoße

Oca, Zwiebel, Karotte und Wurzelpetersilie in kleine Würfel schneiden und in Butter andämpfen. Mit Gemüsebrühe ablöschen und 10 Minuten köcheln.

Gewürze und Sahne (Kokosmilch) zugeben und das Ganze fein pürieren.

TIPP Für eine vegane Variante ersetzen Sie die Butter durch 3 EL Öl und die Sahne durch ein entsprechendes Produkt auf Sojabasis.

Oca im Backofen

Pastinake

Pastinaca sativa (Doldenblütengewächse)

Heilwirkung: appetitanregend, krampflösend, harntreibend, präbiotisch (Seite 14)

Geschmack: junge Blätter möhren- und sellerieartig, Rüben süßlich aromatisch mit Selleriearomen

Die Möhre des Mittelalters

Die Pastinake, auch der Pastinak genannt, existiert in einer Wildform *(Pastinaca sativa* var. *pratensis)* und in einer Kulturform als Gemüse-Pastinake *(Pastinaca sativa* var. *sativa)*. Letztere hat eine wesentlich dickere Wurzel.

Die stärkehaltige weiße Wurzel der Kulturform war bereits im Altertum bekannt. Sie galt schon bei den Römern als kulinarisches Gemüse, aber auch als wertvolles Viehfutter. Sie war wesentlich beliebter als die Möhre, die damals der Pastinake sehr ähnlich sah, denn es wurden nur weißliche und gelbliche Möhren-Sorten kultiviert.

In allen alten Kräuterbüchern wird die Pastinake wegen ihres »lieblichen und süßen« Geschmacks gelobt. Sie galt als nahrhaft und sättigend, weshalb sie gerne entkräfteten Menschen empfohlen wurde. Man nutzte sie damals vor allem angebraten als Gemüse und in Suppen. Karl der Große verordnete ihren Anbau auf seinen Reichsgütern. Als Grundnahrungsmittel wurde sie erst im 18. Jahrhundert durch die Kartoffel und die Möhre verdrängt.

In den letzten Jahrzehnten erlebte die Pastinake im Rahmen der Naturkost- und Vollwertbewegung eine »Wiedergeburt«. Der Name Pastinak kommt vermutlich vom lateinischen *pastinare* = »umgraben«.

Gesundheits-Check

Die lange weiße Pastinakwurzel (20 cm) ist proteinreich und enthält sehr viel Kalium (520 mg/100 g) und Magnesium sowie zahlreiche B-Vitamine, wie z.B. Folsäure. Auch das wichtige Hautmineral Zink ist in sehr hoher Dosis enthalten. Der Kaliumgehalt ist fast doppelt so hoch wie bei der Möhre, und auch der Vitamin-C-Gehalt übertrifft den der Möhre um das Vierfache. Allerdings enthält sie weniger Provitamin A. Die inulinreiche Wurzel ist auch für Diabetiker sehr verträglich, da Inulin den Zuckerstoffwechsel unterstützt und den Blutzuckerspiegel reguliert. Das Präbiotikum Inulin gehört zu jenen Ballaststoffen, die für eine gesunde Darmflora wichtig sind.

In der mittelalterlichen Medizin nutzte man sowohl Wurzel und Blätter als auch Früchte. Der Arzt Leonhart Fuchs schrieb 1543 zur Heilwirkung: »Die Wurzel ist ganz lieblich zu essen/dem Magen nützlich/treibt den Harn/und macht Lust zu essen«. Den Samen verordnete er bei »Grimmen im Laib« und

Junge Pastinakblätter können ähnlich wie Petersilie als Gewürz verwendet werden.

Die nahrhaften Wurzeln werden erst ab Oktober geerntet.

tatsächlich enthält der Samen krampflösende und verdauungsfördernde Komponenten.

Außerdem lobten mittelalterliche Autoren die Pastinake als Aphrodisiakum, denn sie »mache Lust zu den ehelichen Werken« und »wecke Begierde zum Beischlaf«. Außerdem sollte sie »unfruchtbaren Weibern zur Empfängnis verhelfen«.

Aus Sicht der heutigen Volkmedizin wirkt die Pastinake vor allem appetitanregend, krampflösend und harntreibend. Sie eignet sich vorzüglich als Schonkost bei Magen- und Darmbeschwerden, denn sie ist leicht verdaulich.

Neueste Untersuchungen belegen, dass der tägliche Konsum der Wurzeln die Krankheitsschübe bei Multipler Sklerose signifikant mildert. Außerdem ist es ein Gemüse, das außergewöhnlich wenig Nitrat aufnimmt, weshalb es sich vorzüglich als Gemüsebrei für Babys eignet. Zudem wird der Brei wegen seines süßlichen Geschmacks sehr gerne von Kindern gegessen.

Verführung zwischen »süß« und »würzig«

Der süßlich würzige Geschmack der Pastinake erinnert etwas an Möhren und auch ein wenig an Sellerie. Der Gehalt an ätherischen Ölen bestimmt den typischen Geruch und Geschmack. Das feine Gemüse harmoniert hervorragend mit Möhren und Kartoffeln. Es eignet sich vorzüglich für Püree,

Suppen und Eintöpfe oder als Ofengemüse. Wird die Wurzel zu stark angebraten, kann sich der Geschmack der süßlichen Wurzel etwas ins Bittere wenden.
Auch die Blätter können als Würzkraut verwendet werden und die Früchte eignen sich als verdauungsfördernde Speisewürze.
Aus dem Mittelalter sind Rezepte überliefert, in denen die Wurzelscheiben in einen Pfannkuchenteig getunkt und dann ausgebacken wurden.
Probieren Sie die Wurzel als Chipsersatz: Hauchdünn hobeln und mit Öl bepinselt im Backofen ca. 60 Minuten bei 140 °C backen, dann nach Bedarf salzen.
Aufgrund des hohen Zuckergehaltes wurde die Wurzel in Irland und England früher auch dazu genutzt, Bier und Wein herzustellen.

Anbau im Garten

Die Pastinake liebt tiefgründige, lockere Böden, um große Wurzeln auszubilden. Der zweijährige Doldenblütler wird von Mitte März bis Mai ausgesät. Zum Keimen lässt sie sich lange Zeit (4–5 Wochen), weshalb es sinnvoll ist, Radieschen als Markiersaat beizumischen. Der Reihenabstand beträgt 30–40 cm, in der Reihe 15–20 cm mit einer Saattiefe von 2 cm.
Die Keimfähigkeit des Samens lässt schon nach einem Jahr stark nach, verwenden Sie also nur frisches Saatgut. Alte Sorten aus dem 19. Jahrhundert sind z. B. »Hollow Crown«, »Halblange Weiße« oder »Tender and True«. Selbstverständlich können Sie auch die Wildform der Pastinake nutzen, die eine wesentlich kleinere Wurzel ausbildet.
Mit der Ernte der Wurzeln beginnen Sie ab Oktober nach dem ersten Frost. In milden Lagen können die frostharten Wurzeln über Winter im Boden bleiben und an frostfreien Tagen geerntet werden. Der süßlich nussige Geschmack entwickelt sich erst richtig nach Frosteinwirkung. Wenn die Pastinake im zweiten Jahr zur Blüte kommt, wird die Wurzel ungenießbar zäh und holzig.
Vorsicht beim Ernten: Aufgrund der enthaltenen Furanocumarine können die Blätter der Pastinake bei empfindlicher Haut allergische Reaktionen hervorrufen.

Pastinaken-Hirse-Gratin (vegetarisch)

Für 4 Personen, 70 Min. (mit Backzeit)

- 160 g Hirse
- 400 ml Gemüsebrühe
- 1 große Zwiebel
- 2 EL Olivenöl
- 400 g Pastinaken
- 250 g Quark
- 4 Eier
- 1 TL gekörnte Brühe/Gemüsebrühe
- ½ TL Fenchel (frisch gemörsert)
- 80 g Bergkäse oder Parmesan
- Fett für die Auflaufform

Hirse in Gemüsebrühe aufkochen, 5 Minuten köcheln und 20 Minuten ausquellen lassen.

Zwiebel schälen, würfeln und im Öl anbraten. Pastinake schälen, grob raspeln und dazugeben. 5 Minuten dünsten.

Alle Zutaten außer dem Käse zusammenmischen und in eine gefettete Auflaufform geben. Mit Käse bestreuen und im vorgeheizten Backofen bei 180 °C ca. 40 Minuten backen.

TIPP Statt Bergkäse oder Parmesan können Sie auch Blauschimmelkäse (z. B. Gorgonzola) verwenden.

Pastinake im Backofen (vegetarisch)

Für 4 Personen, 45 Min. (mit Backzeit)

- 100 g Haselnüsse
- 800 g Pastinaken
- 5 EL Olivenöl
- Schale einer Zitrone
- 150 g Feta
- 1 Bund Petersilie
- Salz
- Pfeffer

Haselnüsse bei 100 °C 10 Minuten im Backofen rösten. Abkühlen lassen und im Mixer grob hacken.

Pastinaken schälen, längs achteln und auf ein mit Packpapier ausgelegtes Backblech legen. Mit 2 EL Öl bepinseln und salzen. 20–25 Minuten bei 180 °C garen.

Nüsse mit zerbröckeltem Feta, abgeriebener Zitronenschale, kleingeschnittener Petersilie und 3 EL Öl vermischen. Mit Salz und Pfeffer würzen.

Nuss-Feta-Masse auf den Pastinaken verteilen und weitere 10 Minuten im Ofen lassen. Als Beilage servieren oder als Hauptgericht mit Salat.

Pastinaken-Hirse-Gratin

Rettich

Raphanus sativus
(Kreuzblütengewächse)

Heilwirkung: appetitanregend, antibiotisch, verdauungsfördernd, krampflösend, galleflussfördernd, schleimlösend, harntreibend

Geschmack: Rüben würzig und scharf

Die Römer brachten den Rettich

Der Gartenrettich *(Raphanus sativus)* ist eine Kulturpflanze, die schon im Altertum im Mittelmeerraum aus einer wilden Rettich-Art gezüchtet wurde. Es gibt davon mehrere Varietäten, wie zum Beispiel das Radieschen *(Raphanus sativus* var. *sativus)*, den Schwarzen Winterrettich *(Raphanus sativus* var. *niger)* oder den in Bayern beliebten Weißen Bierrettich *(Raphanus sativus* var. *albus)*. Zudem züchtete man aus diesen Varietäten zahlreiche Sorten, die sich in Farben und Formen unterscheiden.

Schon von griechischen und römischen Schriftstellern wurden verschiedenen Sorten des Gartenrettichs beschrieben, was zeigt, wie lange diese Pflanze schon in Gärten kultiviert wird. Die Römer waren es schließlich, die den Rettich über die Alpen brachten, wo er sich rasch in den Gärten der Germanen verbreitete. Auch der deutsche Name geht auf die Römer zurück, aus *radix* wurde »Rettich«.

Aus dem antiken Griechenland ist uns ein seltsamer Brauch überliefert, der vermutlich damit zusammenhängt, dass der Rettich »scharf macht«, also als Aphrodisiakum galt. Männer, die als Ehebrecher überführt oder beim außerehelichen Geschlechtsverkehr mit unverheirateten jungen Frauen ertappt wurden, mussten sich der »Rettichstrafe« unterziehen. Bei dieser unangenehmen Körperstrafe wurde ein großer Rettich als Fremdkörper in den Anus eingeführt.

Gesundheits-Check

Da die festfleischigen Herbst- und Winterrettiche im Gegensatz zu den saftig aromatischen Sommerrettichen mehr gesundheitsförderliche Inhaltsstoffe besitzen, werden nachfolgend Sorten aus dieser Gruppe besprochen, wozu auch die Schwarzen Rettiche und die Bierrettiche gehören.

Der kalorien- und fettarme Winterrettich enthält viel Kalium (450 mg/100 g), Calcium und Magnesium sowie für eine Rübe außergewöhnlich viel Vitamin C (27 mg/100 g). Kalium und Magnesium sind wichtige Mineralien für eine normale Herzfunktion, da sie die Herzzellen elektrisch stabilisieren. Calcium und Magnesium tragen zur Gesundheit unserer Knochen bei. Neben den Nährstoffen sind zahlreiche sekundäre Pflanzenstoffe enthalten.

Schon der griechische Arzt Dioskurides erwähnte vor fast 2000 Jahren den Rettich als

Im Juli ist die beste Saatzeit für die wertvollen Winterrettiche.

Weiße Rettichsorten sind sehr beliebt für Rohkostsalate.

harntreibende Heilpflanze. Hildegard von Bingen (1098–1179) sagte über den Rettich, dass er den Körper vom Schleim reinigen könne. Die wirksamen Inhaltsstoffe sind Senfölglykoside und Schwefelverbindungen. Die Wirkungen der Heilstoffe sind antibiotisch sowie schleim- und krampflösend, weshalb der Schwarze Rettich gerne bei Atemwegs- und Harnwegsinfektionen eingesetzt wird. Sehr beliebt ist ein daraus hergestellter Hustensirup (siehe Rezept). Außerdem haben die appetitanregenden Inhaltsstoffe einen heilsamen Einfluss auf Leber, Galle und Verdauung. Neuere Untersuchen bestätigen zudem antikarzinogene Wirkungen der Rettichinhaltsstoffe.

Rettich bringt Schärfe in die Küche

Man könnte denken, dass der »Radi« vor allem in Bayern viel gegessen wird, aber in Japan und Korea spielt er als Nahrungsmittel eine wesentlich größere Rolle. In der japanischen Küche wird er hauchdünn geschnitten zu Sushi gereicht. Die feine Rettichschärfe kommt am besten roh zur Geltung, entweder geraspelt als Rohkostsalat oder nach bayrischer Art hauchdünn geschnitten zur Brotzeit. Er passt auch wunderbar zu Frischkäse oder mit Birne kombiniert zu Blauschimmelkäse. Durch Salzen wird die typische Schärfe reduziert, allerdings »wässert« der Rettich dann.

Rettiche eignen sich aber auch zum Dünsten, Anbraten in der Pfanne oder für Suppen. Sie verlieren durch das Erhitzen etwas von der feinen Schärfe, sind aber immer noch sehr pikant.

Um das Aroma weitgehend zu erhalten, sollten Sie lange Koch- und Garzeiten vermeiden. Winterrettiche werden vor der Verarbeitung geschält, da die raue Haut im Gegensatz zu den Sommerrettichen keinen Genuss darstellt. Auch die jungen grünen Blätter der Rettiche können in der Küche verwendet werden. Sie eignen sich mit ihrer leichten Schärfe zum Würzen von Kräuterquark und Salaten.

Anbau im Garten

Die zweijährigen Rettiche bevorzugen für eine gute Wurzelbildung leichte und tiefgründige Böden. Es sollte gleichmäßig gegossen werden. Bei starken Schwankungen zwischen Feuchtigkeit und Trockenheit platzen sie nämlich auf.

Herbst- und Winterrettiche können Sie ab Ende Juni aussäen. Sehr beliebte alte Sorten sind »Runder Schwarzer Winter«, »Langer Schwarzer Winter«, »Runder Weißer Winter« und »Bierrettich«. Die Samen werden 1–2 cm tief gelegt und keimen schnell und zuverlässig. Der Reihenabstand beträgt 30 cm, innerhalb der Reihe wird auf 15 cm ausgedünnt. Die Entwicklungszeit beträgt 3–4 Monate, so dass ab Oktober (vor dem ersten Frost) geerntet und eingelagert werden kann. Winterrettiche sind gut lagerbar, wenn sie in feuchtem Sand eingeschlagen im kühlen Keller stehen.

Wie alle Kreuzblütengewächse ist auch der Rettich anfällig für den Befall mit Erdflöhen und Kohlfliegen. Auch Schnecken knabbern gerne an Kreuzblütlern. Alle Rettiche sind anfällig für die Rettichschwärze, einen Pilz, der in die Wurzel eindringt und das Fleisch gräulich verfärbt. Zu starke Düngung und zuviel Feuchtigkeit begünstigen den Pilz.

Sommerrettiche werden schon im Frühling, von April bis Mai ausgesät. Im Gegensatz zu den Winterrettichen können sie schon nach 8–10 Wochen geerntet werden.

Rettich-Cremesuppe (vegan)

Für 4 Personen, 25 Min.

- 500 g Schwarzer Rettich
- 400 g Kartoffeln
- 1 Zwiebel
- 1 Knoblauchzehe
- 2 EL Raps- oder Olivenöl
- 100 ml Weißwein
- 900 ml Gemüsebrühe
- 2 TL Sojasoße
- Salz
- Pfeffer
- Muskat
- 4 EL Kürbiskerne

Rettich und Kartoffeln schälen und in 1–2 cm große Würfel schneiden. Zwiebeln und Knoblauch schälen und fein hacken.

Zwiebeln in Öl glasig dünsten, dann restliches Gemüse dazugeben und anschwitzen lassen. Mit Weißwein aufgießen. Sobald dieser weitgehend verdampft ist, wird die Gemüsebrühe dazugegeben und darin das Gemüse 15 Minuten gedünstet. Suppe mit dem Pürierstab pürieren und mit Sojasoße und Gewürzen abschmecken.

Kürbiskerne ohne Fett in Pfanne anrösten und über die Suppe streuen. Mit frischem Baguette servieren.

Rettich-Husten-Sirup

Für 1 kleines Glas, 5 Min.
(ohne Auszugszeit)

- 6 EL Schwarzer Rettich (frisch geraspelt)
- 6 EL Honig (flüssig)
- 1 EL Zitronensaft

Rettich grob raspeln und Honig darunterrühren. Mindestens 1 Stunde durchziehen lassen. Durch ein feines Sieb abpressen, Zitronensaft dazugeben und in ein verschließbares Glas füllen. Der Sirup sollte nicht länger als 3 Tage aufbewahrt werden.

Dosierung 3–5-mal täglich 1–2 TL.

TIPP Der schleimlösende und antibakteriell wirksame Sirup ist hilfreich bei Erkältungen und Husten. Außerdem wird das Immunsystem gestärkt.

Rettich-Cremesuppe

Rote Bete

Beta vulgaris ssp. vulgaris (Familie Fuchsschwanzgewächse)

Heilwirkung: antioxidativ (freie Radikale), appetitanregend, antikarzinogen, blutdrucksenkend, cholesterinsenkend, entzündungshemmend

Geschmack: junge Blätter mangoldartig, Rüben süßlich erdig

Von den Römern verbreitet

Die Rote Bete *(Beta vulgaris* ssp. *vulgaris* var. *conditiva),* die mancherorts auch Rahne genannt wird, hat ihren Ursprung in Nordafrika. Sie stammt von der Wildbete *(Beta vulgaris* ssp. *maritima)* ab, die rund ums Mittelmeer vorkommt. Die Rote Bete ist sehr nahe verwandt mit dem Mangold, der sich in Stielmangold *(Beta vulgaris* ssp. *vulgaris* var. *flavescens)* und Blattmangold *(Beta vulgaris* ssp. *vulgaris* var. *cicla)* aufspaltet. Der Name Bete leitet sich von lateinischen *beta* für »Rübe« ab.

Schon im antiken Griechenland war die Rote Bete eine beliebte Gartenpflanze. Im Laufe der Jahrhunderte entwickelten sich zahlreiche Sorten mit weißem, hellgelbem oder purpurrotem Fruchtfleisch. Die Römer brachten die Rote Bete schließlich in die Rheinlande und später waren es die Benediktiner, die das Mittelmeergewächs mittels ihrer Klostergärten in ganz Mitteleuropa bekannt machten. Die Rote Bete wurde damals »roter Mangold« genannt, während man den verwandten Blattmangold als »weißen Mangold« bezeichnete.

Gesundheits-Check

In der mittelalterlichen Medizin nutzte man vor allem den Saft der Rüben, der als harntreibend, verdauungsfördernd und appetitanregend galt. Außerdem sollte der Saft in die Nase gezogen »das Haupt reinigen« und in die Ohren getropft gegen Ohrenschmerzen und Schwindel helfen. Die Rote Bete stand zudem im Ruf, blutbildend zu sein.

Rote Bete enthält sehr viel Kalium (410 mg/100g) und Folsäure (75 µg/100 g). Das B-Vitamin Folsäure wird für die Produktion neuer Zellen benötigt, weshalb es auch als »Schönheitsvitamin« bezeichnet wird. Milchsauer vergorene Rote Bete liefert zudem das Vitamin B_{12}. Rote Bete enthält Farbstoffe aus der Gruppe der Betalaine (z. B. Betanin, Betanidin), die eine intensive Färbewirkung haben und maßgeblich an der gesundheitlichen Wirkung beteiligt sind.

Die Inhaltsstoffe der Roten Bete wirken stark antioxidativ (Radikalenfänger!), entzündungshemmend und leberschützend. Außerdem stimulieren sie das Immunsystem, senken den Blutdruck und hohe Blut-

An den Blättern der Roten Bete kann man die Verwandtschaft zum Mangold erkennen.

Die im Herbst geernteten Knollen können gut eingelagert werden.

fettwerte und vermindern so das Risiko von Herz-Kreislauf-Erkrankungen. Nach einer Rote-Bete-Saft-Kur (täglich zwei Gläser) verbessert sich der Blutdruck signifikant. Außerdem wird eine antikarzinogene Wirkung vermutet. In den 1970er-Jahren machte Rote-Bete-Saft Schlagzeilen als Wundermittel gegen Krebs. Die hochgesteckten Erwartungen haben sich zwar nicht erfüllt, aber viele Krebspatienten machten damit gute Erfahrungen, vor allem begleitend zur Strahlen- oder Chemotherapie.

Aufgrund der enthaltenen Oxalsäure (182 mg/100 g) sollten Menschen mit Nierensteinen Rote Bete nur in geringen Mengen genießen. Der Oxalsäuregehalt der Blätter ist jedoch höher als jener der Wurzel. Die Wurzel speichert zudem sehr viel Nitrat, was an sich ein harmloser Stoff ist. Nitrat kann aber durch Bakterien in Mundhöhle und Darm teilweise in das gesundheitlich bedenkliche Nitrit umgewandelt werden und mit Aminen zu den krebserregenden Nitrosaminen reagieren. Säuglinge sollten aufgrund der Nitritproblematik keine Rote Bete bekommen. Durch die gleichzeitige Aufnahme von Vitamin C (z.B. Zitrone) wird die Umwandlung in Nitrit reduziert. Nitrat hat aber auch positive Eigenschaften. Es ist z.B. für die blutdrucksenkende Wirkung verantwortlich. Bei normalen Verzehrmengen muss man sich wegen der Nitrate keine Gedanken machen. Es ist aber sinnvoll, Rote Bete aus biologischem Anbau (möglichst Freiland) zu nehmen, da hier weniger Nitrate zu erwarten sind.

Alles rot hier?

Rote Bete eignet sich mit ihrem süßlich erdigen Aroma sehr gut für Rohkostsalate, eventuell kombiniert mit Apfel oder als scharfe Variante gewürzt mit Meerrettich. Auch gekochte Rüben werden gerne zu Salat verarbeitet. Als Gemüse ist die Rote Bete ebenfalls vielseitig einsetzbar, gedünstet, gebraten oder im Ofen gebacken. Die Knollen werden vorzugsweise als Ganzes gekocht und erst dann geschält und geschnitten. Gegarte Bete schmeckt auch wunderbar mit Frischkäse oder Meerrettichsahne.

In manchen Regionen gibt es traditionelle Rote-Bete-Rezepte, wie zum Beispiel die osteuropäische Borschtsch-Suppe. Die Knolle wird auch gerne eingelegt, milchsauer vergoren oder zu Saft verarbeitet.

Beim Verarbeiten empfiehlt es sich, Handschuhe zu tragen, denn die rote Knolle färbt unglaublich intensiv. Die Farbstoffe sind auch dafür verantwortlich, dass sich bei vielen Menschen Urin und Stuhl rot verfärben. Die Blätter der Roten Bete können übrigens wie Mangold zubereitet werden.

Anbau im Garten

Die zweijährige Rote Bete liebt sonnige Plätze und tiefgründige, kalkhaltige Böden. Es gibt zahlreiche Sorten, die sich in Form und Farbe unterscheiden. Neben der klassischen Roten Bete mit purpurrotem Fleisch gibt es auch farblose (Weiße Bete) und die geschmacklich milden hellgelben Sorten (Gelbe Bete) oder zweifarbige Sorten, wie die seit 1840 angebaute italienische Sorte »Tonda di Chioggia« mit rot-weiß gestreiftem Fruchtfleisch. Weitere traditionelle Sorten sind beispielsweise »Ägyptische Blattrunde«, »Rote Kugel«, »Noire de Lausanne«, »Erfurter Lange Rote« und »Wiener Lange Schwarze«.

Die Aussaat erfolgt von Mitte April bis Ende Juni im Reihenabstand von 25 cm (2 cm tief). In der Reihe wird auf 15 cm Abstand vereinzelt. Je nach Aussaatzeitpunkt können Sie ab August bis zum ersten Frost (Oktober) ernten. Dann wird die Rübe im kühlen und dunklen Keller in feuchtem Sand eingelagert. Bei unsachgemäßer Lagerung (im Hellen) kann sich das Nitrat in Nitrit umwandeln.

Rote-Bete-Carpaccio (vegetarisch)

Für 4 Personen, 10–12 Min. (ohne Kochzeit)

- 500 g Rote-Bete-Knollen
- 150 g Feldsalat oder Rucola
- 5 EL Olivenöl oder Walnussöl
- 2 EL Balsamicoessig
- 1 EL Zitronensaft
- Pfeffer
- Salz
- 80 g Parmesan
- 50 g Walnusskerne

Rote Bete mit Schale in Salzwasser garen (je nach Größe 35–40 Minuten). Abkühlen lassen, schälen und in dünne Scheiben schneiden oder hobeln. Scheiben überlappend anrichten.

Öl, Essig, Zitronensaft, Pfeffer und Salz zu einem Dressing verquirlen. Die Hälfte des Dressings über die Rote Bete träufeln.

Walnüsse ohne Fett in einer Pfanne anrösten. Feldsalat in die Mitte des Carpaccios setzen. Walnüsse und gehobelten Parmesan darüber streuen und mit dem restlichen Dressing beträufeln.

TIPP Dazu passt sehr gut getoastetes Ciabatta oder Baguette.

Rote Bete aus dem Backofen (vegetarisch)

Für 4 Personen, 60 Min. (mit Backzeit)

- 550 g Rote-Bete-Knollen
- 3 EL Olivenöl
- 3 EL Balsamicoessig
- 1 EL Agavendicksaft
- 1 TL Curry
- 3 Zweige Rosmarin
- 2 Zweige Thymian
- Pfeffer
- Salz
- 40 g Sultaninen

Gut gebürstete Rote Bete mit der Schale je nach Knollengröße vierteln oder achteln. Sultaninen in etwas Wasser einweichen und beiseitestellen.

Alle anderen Zutaten vermischen, über die Rote Bete geben und gut vermengen. Die Kräuter werden nur grob zerkleinert.

Alles in eine feuerfeste Form geben und im Backofen bei 190 °C ca. 45–55 Minuten backen, bis die Bete weich ist. Nach 20 Min. Backzeit abgetropfte Sultaninen untermischen und die Form mit einer Alufolie abdecken.

Rote-Bete-Carpaccio

Schwarzwurzel

Scorzonera hispanica (Korblütengewächse)

Heilwirkung: antikanzerogen, harntreibend, präbiotisch (Seite 14), entzündungshemmend, cholesterinsenkend, wundheilend (äußerlich)

Geschmack: Wurzeln aromatisch-nussig, mit leichter Süße

Ein Gemüse gegen Schlangenbisse

Die Schwarzwurzel *(Scorzonera hispanica)* kommt ursprünglich aus Spanien und Portugal, es gibt aber auch Wildbestände in Italien und auf der Balkanhalbinsel. Der botanische Name bedeutet so viel wie »Spanische schwarze Giftschlange«. Man bezog sich hierbei sowohl auf die lange schlangenähnliche Wurzelform als auch auf die einstmalige Verwendung bei Schlangenbissen. Der italienische Arzt Mattioli (1501–1577) berichtet, dass der Wurzelsaft nicht nur gegen Schlangenbisse helfe, sondern zudem für eine Giftschlange tödlich sei. Mattioli lobte die Schwarzwurzel als »zart und von süßem und lieblichem Geschmack«.

Im 17. Jahrhundert wird der Anbau der Schwarzwurzel als Gemüsepflanze erstmals in Italien erwähnt. Sie gelangte dann im 18. Jahrhundert nach Mitteleuropa, wo sie bald ein beliebtes Wurzelgemüse wurde und als »Spargel des armen Mannes« galt. Sie verdrängte dort die zum gleichen Zweck kultivierte Haferwurzel (Seite 36), die eine weniger gute Wurzelqualität liefert.

Gesundheits-Check

Die kalorienarme Schwarzwurzel enthält viel Eiweiß, sehr viel Vitamin E und Vitamin B_1. Der Vitamin-E-Gehalt (6 mg/100g) übertrifft den der dafür bekannten Petersilie bei Weitem. Vitamin E ist ein starkes Antioxidans. Im Bereich der Mineralien liefert sie uns Calcium, Magnesium und außergewöhnlich viel Eisen (3,2 mg/100 g). Außerdem hat sie einen hohen Gehalt an Inulin. Das Polysaccharid Inulin eignet sich sehr gut für Diabetiker, da es unabhängig vom blutzuckersenkenden Insulin verstoffwechselt wird. Außerdem verbessert Inulin die Darmgesundheit und schützt vor Herz-Kreislauf-Erkrankungen.

In der mittelalterlichen Medizin nutzte man die Schwarzwurzel vor allem zur äußerlichen Anwendung bei Verletzungen und Hauterkrankungen, interessanterweise aber auch gegen »Schwermüdigkeit und Melancholie«. Schwarzwurzeln wirken harntreibend und cholesterinsenkend.

Neuere Untersuchungen bestätigen zudem ein schmerzstillendes und wundheilendes Potenzial, was durch den relativ hohen Gehalt an Triterpenen, Sesquiterpenen und vor allem durch den hohen Gehalt an Allantoin erklärt werden kann. Allantoin begünstigt

Ältere Schwarzwurzelblätter sind sehr zäh, aber ganz jung können sie wie Spinat gedünstet werden.

Ab Oktober können die langen Wurzeln vorsichtig aus der Erde geholt werden.

die Zellregeneration und beruhigt die entzündete Haut. Auch die Wundheilung wird unterstützt.

Die Schwarzwurzel könnte also ähnlich wie die Beinwellwurzel zur Salbenherstellung verwendet werden.

Außerdem entdeckte man in aktuellen Studien Verbindungen, die gegen Darmkrebs wirksam sind.

Delikatesse unter schwarzer Rinde

Die Zubereitung der bis zu 40 cm langen Schwarzwurzel ist etwas aufwendig, da die recht harte und etwas bittere schwarze Rinde entfernt werden muss. Außerdem tritt beim Schälen ein Milchsaft aus, der extrem klebrig ist und die Hände beim Verarbeiten braun verfärbt. Die einfachste Methode ist es deshalb, die Wurzel mit der Schale ca. 10 Minuten in Salzwasser zu dämpfen. Danach lässt sich die Wurzelhaut ganz leicht abziehen und außerdem ist diese Methode sehr vitaminschonend. Bei der traditionellen Methode wird die Wurzel mit Handschuhen roh geschält und gleich danach in Essig- oder Zitronenwasser gelegt, damit sie sich nicht braun verfärbt.

Die Wurzel besitzt einen feinen nussigen Geschmack mit einer eleganten Süße. Sie eignet sich wunderbar als Gemüsebeilage oder als Bestandteil von Suppen und Aufläufen. Oft wird sie mit Béchamelsoße serviert. Die leckeren Wurzeln passen auch sehr gut als Beilage zu Risotto. Dazu werden sie lediglich mit etwas Zitronensaft beträufelt und mit Bergkäse oder Parmesan überbacken.

Auch die jungen Triebe der Blattrosette sind verwendbar. Sie können ähnlich wie Löwenzahn für Salate genutzt werden. Früher wurde aus kleingeschnittenen Wurzelstückchen ein Kaffeeersatz geröstet. Dieses Verfahren funktioniert mit allen inulinhaltigen Wurzeln (z. B. Wegwarte, Löwenzahn, Topinambur).

Die gelben Korbblüten erscheinen erst im zweiten Jahr, also nur bei jenen Schwarzwurzeln, die im Vorjahr nicht geerntet wurden. Sie öffnen sich nur kurz am Vormittag und verströmen einen schokoladenartigen Duft. Sie können die gelben Blütchen aus dem Kelch zupfen und über Salate und Desserts streuen. Auch die geschlossenen Blütenknospen können geerntet und gedünstet werden.

Anbau im Garten

Die zweijährige Schwarzwurzel benötigt einen lockeren, tiefgründigen Boden. Bei einer gleichmäßigen Feuchtigkeitsversorgung verholzen die Wurzeln nicht. Eine frühe Aussaat ist sinnvoll, denn die Schwarzwurzel hat eine lange Vegetationsperiode. Deshalb wird schon im März/April ausgesät, am besten in Reihensaat in einem Abstand von 25 cm bei einer Saattiefe von 2 cm. Innerhalb der Reihe wird nach dem Auflaufen auf 5 cm vereinzelt.

Bei der Nutzung von eigenem Saatgut sollten Sie beachten, dass der Samen nur wenige Monate keimfähig bleibt, also innerhalb eines Jahres ausgesät werden sollte. Bekannte alte Sorten sind »Halblange Stumpfe«, »Hoffmanns Schwarze Pfahl« und »Einjährige Riesen«.

Die Erntezeit der langen Wurzeln beginnt ab Oktober. Sie werden im Keller in feuchtem Sand eingelagert. In günstigem Klima können Sie die winterharte Wurzel über Winter im Beet lassen und nach Bedarf ernten. Allerdings nur bis Ende März, da sonst die Gefahr besteht, dass die Wurzeln beim Neuaustrieb verholzen. Außerdem gilt es zu bedenken, dass sie den Wühlmäusen sehr gut schmecken!

Achten Sie darauf, dass die Milchsaft führenden Wurzeln bei der Ernte möglichst nicht beschädigt werden, denn sie bluten leicht aus, was die Lagerfähigkeit beeinträchtigt.

Schwarzwurzel-Kartoffel-Auflauf

Für 4 Personen, 45 Min. (mit Backzeit)

- 450 g Kartoffeln
- 450 g Schwarzwurzeln
- 1 kleine Zwiebel
- 1 EL Butter
- 200 ml Gemüsebrühe
- 50 ml Sahne
- 70 g Lachsschinken o. Räuchertofu
- 2 TL Mehl
- Salz
- Pfeffer
- Fett für die Auflaufform
- 50 g Bergkäse (gerieben)
- 25 g Sonnenblumenkerne

Kartoffeln garen. Schwarzwurzeln in der Schale ca. 10 Minuten in Salzwasser garen und schälen. Zwiebel würfeln und in Butter dämpfen. In Mehl kurz anschwitzen lassen. Mit Gemüsebrühe und Sahne ablöschen und unter Rühren aufkochen, mit Salz und Pfeffer würzen.

In Scheiben geschnittene Kartoffeln, Schwarzwurzelstücke (ca. 5 cm) und in Streifen geschnittenen Schinken (Tofu) in eine gefettete Auflaufform geben. Mit Soße begießen und mit Käse und Sonnenblumenkernen bestreuen. Bei 180 °C ca. 15 Minuten überbacken.

Schwarzwurzel-Cremesuppe (vegan)

Für 4 Personen, 30–40 Min.

- 450 g Schwarzwurzeln
- 250 g Hokkaido-Kürbis
- 1 Zwiebel
- 1 EL Sonnenblumen- oder Olivenöl
- 900 ml Gemüsebrühe
- 150 ml Kokosmilch
- Pfeffer
- Salz
- Curry
- 3 EL Kürbiskerne
- 1 EL Kürbiskernöl

Schwarzwurzeln in der Schale ca. 10 Minuten in Salzwasser garen, dann schälen und kleinschneiden. Hokkaido-Kürbis mit der Schale würfeln.

Zwiebeln fein hacken und in Öl anbraten. Kürbis zugeben, mit Gemüsebrühe und Kokosmilch ablöschen und etwa 15 Minuten garen. Schwarzwurzeln dazugeben und die Suppe pürieren. Mit Salz, Pfeffer und Curry abschmecken.

Kürbiskerne in einer Pfanne ohne Fett anrösten. Suppe servieren und mit Kürbiskernen und einigen Tropfen Kürbiskernöl garnieren.

Schwarzwurzel-Kartoffel-Auflauf

stone washed
pure linen.

Sellerie, Knollensellerie

Apium graveolans var. *rapaceum* (Doldenblütengewächse)

Heilwirkung: antikarzinogen, blutdrucksenkend, harntreibend, verdauungsfördernd, krampflösend, entzündungshemmend

Geschmack: junge Blätter haben typisches Sellerieаroma mit leichter Schärfe, Knollen sind würzig-aromatisch mit dem charakteristischen Sellerieduft

Würziger Geruch als Namensgeber

Die Wildform der Sellerie *(Apium graveolans* var. *graveolans)* findet man vor allem in den Küstengebieten der Mittelmeerländer und im Kaukasus. Die »Wildsellerie« wächst bevorzugt an feuchten Standorten. Sie wurde vor allem in Italien schon früh kultiviert, wobei sich im Laufe der Jahrhunderte mehrere Varietäten entwickelten: Neben der Knollensellerie *(Apium graveolans* var. *rapaceum)* gibt es auch Stangensellerie *(Apium graveolans* var. *dulce)* mit fleischigen Blattstielen und Schnittsellerie *(Apium graveolans* var. *secalinum),* die der Wildform am nächsten steht.

Alle Sellerievarietäten besitzen aufgrund der enthaltenen ätherischen Öle einen würzigen Duft und Geschmack. Deshalb haben sie seit Jahrhunderten einen guten Ruf als Suppengemüse. Der botanische Artname *graveolens* nimmt darauf Bezug, er bedeutet »stark riechend«.

In der Antike nutzten Ägypter, Griechen und Römer die Sellerie als sakrale Pflanze im Totenkult. Sie galt als Symbol der Trauer, diente als Speise bei Totenfeiern und wurde auch zum Bepflanzen der Gräber verwendet. Die Griechen nahmen die aus Sellerieblättern hergestellten Kränze nicht nur im Totenkult, sondern auch als Siegerkranz bei sportlichen Wettkämpfen.

Gesundheits-Check

Die kalorienarme Knollensellerie zeichnet sich durch einen hohen Kaliumgehalt (400 mg/100 g) aus, was auch für den harntreibenden Effekt verantwortlich ist. Außerdem enthält sie sehr viel von dem für die Knochen wichtigen Calcium sowie das B-Vitamin Folsäure, das an allen wichtigen Stoffwechselvorgängen im Körper beteiligt ist.

Schon der antike Arzt Dioskurides empfahl Sellerie wegen seiner harntreibenden Wirkung. Im Mittelalter nannte man die Sellerie Eppich und verordnete sie bei Nierensteinen und bei Gicht. Vor allem die Früchte, aber auch der Saft galten als gutes Diuretikum.

Die Blätter wurden äußerlich bei Prellungen und Hautentzündungen aufgelegt. Außer-

Sobald die letzten Frühjahrsfröste vorbei sind, können die Pflänzchen in die Erde.

Die Sellerieknollen eignen sich sehr gut zum Einlagern.

dem nahm man Sellerie bei Blähungen und sie hatte einen guten Ruf als Aphrodisiakum, vor allem für Männer. In Frankreich gab es den Spruch: »Wüsste der Mann um die Wirkung des Selleries, dann würde er seinen Garten damit vollpflanzen.« Im alten Griechenland war die Sellerie Selenos gewidmet, dem Anführer der geilen Satyrn, die sich durch eine Dauererektion auszeichneten.

In der Frauenmedizin war Selleriesamen als menstruationsauslösendes Mittel bekannt und man glaubte, damit auch den Milchfluss verringern zu können.

Knollen, Samen, Stängel und Blätter der Sellerie enthalten reichlich ätherisches Öl, das meiste davon in den Früchten (Samen). Sellerie wirkt aufgrund seiner Inhaltsstoffe harntreibend, verdauungsfördernd, krampflösend und entzündungshemmend. Neuere Studien weisen darauf hin, dass sie zudem sowohl leberprotektiv (Früchte) als auch vorbeugend gegen Herz-Kreislauf-Erkrankungen wirksam ist. Außerdem senkt Sellerie Blutzucker, Gesamtcholesterin und Blutdruck. Schon zwei Stangen Stangensellerie täglich lassen Blutzuckerwerte, Gesamtcholesterinspiegel und Blutdruck signifikant sinken.

An arabischen Universitäten wurde herausgefunden, dass Selleriefrüchte die Magenschleimhaut schützen. Auch krampflösende Wirkungen konnten bestätigt werden, wofür vor allem das ätherische Öl verantwortlich ist. Nach Aussage des amerikanischen Krebsforschungsinstituts NCI gehört Selle-

rie zu den Lebensmitteln, die Krebserkrankungen am besten vorbeugen können.
Leider gehört Sellerie aber auch zu den wichtigsten pflanzlichen Allergenen und sollte deshalb von Allergikern gemieden werden.

Würzig und gesund

Die würzig-aromatisch schmeckende Knollensellerie kann in der Küche vielfältig verwendet werden: roh geraspelt im Salat, gedünstet als Gemüse oder paniert und gebacken als Sellerieschnitzel. Beliebt ist die Knolle als würzige Zutat für Suppen und Eintöpfe. Probieren Sie Sellerie in Scheiben geschnitten als Auflauf mit Käse überbacken oder bereiten Sie aus der gedünsteten Knolle ein Püree.
Geschälte Knollen verfärben sich schnell bräunlich, was man mit Zitronensaft verhindern kann. Wenn Sie also Sellerie für einen Salat raspeln, dann sollten Sie möglichst gleich die Salatsoße dazugeben. Auch die aromatischen Blätter und Früchte sind als Gewürz für Suppen und Salate verwendbar.

Anbau im Garten

Die zweijährige Knollensellerie benötigt gleichmäßig feuchte und nährstoffreiche Erde. Außerdem liebt sie Kali (Holzasche), was sich positiv auf die Knollenbildung auswirkt.
Um frühe Ernten zu gewährleisten, sollten Sie Knollensellerie im Gewächshaus oder auf der Fensterbank vorziehen. Dazu wird sie an einem warmen Ort möglichst schon im März in Saatkisten oder kleinen Töpfchen ausgesät. Zuviel Kälte bei der Anzucht fördert das frühzeitige Schossen und Blühen. Der Lichtkeimer wird kaum mit Erde bedeckt, aber gut feucht gehalten.
Die vorgezogenen Pflanzen werden dann nach den Eisheiligen im Freien im Abstand von 40 cm ausgepflanzt. Pflanzen Sie die Jungpflanzen möglichst hoch in die Erde, damit sich die Knollen gut ausbilden. Bei zu tiefer Pflanzung verformen sich die Wurzeln.
Ab Oktober kann geerntet werden. Lagern Sie die Knollen möglichst kühl, frostfrei und bei hoher Luftfeuchtigkeit in Kisten mit Sand ein. Der Handel bietet viele verschiedene Sorten an, die sich durch Knollenform und -größe, Fleischfarbe und Schoßfestigkeit unterscheiden. Alte Sorten heißen zum Beispiel »Alba«, »Saxa«, »Blader«, »Wiener Riese« oder »Riese von Prag«.

Selleriesalat nach Waldorf-Art (vegetarisch)

Für 4 Personen, 20 Min.

- 400 g Knollensellerie
- 1 Möhre
- 1 großer Apfel
- 50 g Walnusskerne
- 4 Scheiben frische Ananas
- Saft von einer ½ Zitrone
- 3 EL Olivenöl oder Walnussöl
- 1 EL Weinessig
- 150 g Joghurt oder Sauerrahm
- Pfeffer
- Salz
- Gekörnte Brühe/Gemüsebrühe
- frisches Selleriekraut oder Petersilie

Sellerie, Möhre und Apfel schälen, raspeln und zusammen mit dem Zitronensaft vermengen. Ananas in Stückchen schneiden und daruntermischen.

Öl, Essig, Joghurt und Gewürze zu einer Salatcreme rühren. Mit dem Rohkostsalat vermischen und durchziehen lassen.

Kleingehackte Walnüsse ohne Fett in einer Pfanne anrösten, unter den Salat heben und mit kleingeschnittenem Selleriekraut garnieren.

Sellerie-Kartoffel-Gratin (vegetarisch)

Für 2 Personen, 55–60 Min. (mit Backzeit)

- 300 g Kartoffeln
- 200 g Sellerie
- Fett für die Auflaufform
- 125 ml Sahne
- 50 ml Milch
- 1 TL gekörnte Brühe/Gemüsebrühe
- Muskatnuss
- Salz
- 75 g Bergkäse (gerieben)

Geschälte Kartoffeln und Sellerie in dünne Scheiben schneiden oder hobeln.

Sahne, Milch und Gewürze gut vermischen und zum Kochen bringen. Dann zusammen mit dem Käse unter das Gemüse heben.

Alles in eine gefettete Auflaufform geben und im vorgeheizten Backofen bei 180 °C ca. 45 Minuten garen. Damit die Oberfläche nicht zu stark bräunt, nach 30 Minuten mit Alufolie abdecken.

TIPP Das Gericht passt als Beilage zu Fleischgerichten oder man serviert dazu einen gemischten Salat.

Selleriesalat nach Waldorf-Art

Speiserüben

Mairübe und Teltower Rübchen

Brassica rapa ssp. rapa
(Kreuzblütengewächse)

Heilwirkung: appetitanregend, antibakteriell, antikarzinogen, antidiabetisch, cholesterinsenkend

Geschmack: junge Blätter kohlartig mit leichter Schärfe, Rüben erinnern sowohl an Rettich als auch an Kohlrabi

Goethes Lieblingsrübe

Die Speiserübe *(Brassica rapa* ssp. *rapa)* war vor der Einführung der Kartoffel ein äußerst beliebtes Gemüse, das auch gerne als Viehfutter verwendet wurde. Kein Wunder, dass sich zahlreiche regionale Kulturformen entwickelten, wie zum Beispiel die Mairübe, die Bayrische Rübe, die Herbstrübe oder das Teltower Rübchen.

Die Speiserübe ist eine alte Kulturpflanze, die schon in der Antike genutzt wurde. Vermutlich entstanden die ersten Züchtungen in Afghanistan und im Mittelmeergebiet. Römer und Griechen sorgten für die Verbreitung.

Die Mairübe *(Brassica rapa* ssp. *rapa* var. *majalis)* ist eine der ältesten Speiserüben, die schon von römischen und griechischen Autoren erwähnt wird. Sie wird auch Navette genannt.

Eine weitere bekannte Speiserübe ist das Teltower Rübchen *(Brassica rapa* ssp. *rapa minima f. teltovienis)*. Diese Kulturform, die vor allem in Polen und Brandenburg angebaut wurde, war im 18. und 19. Jahrhundert äußerst beliebt und galt an vielen Fürstenhöfen als Delikatesse. Den Namen bekam sie von der Stadt Teltow in Brandenburg. Der Anbau der Rübe wurde von Friedrich dem Großen gefördert; Goethe und Kant waren von ihrem Geschmack sehr angetan. Goethe ließ sich seine Lieblingsrüben von einem Berliner Freund jedes Jahr per Postkutsche nach Weimar liefern.

Auf unerklärliche Weise wurde die Delikatessrübe, wie auch die anderen Speiserüben, zum »Arme-Leute-Essen« und geriet im Zuge der landwirtschaftlichen Modernisierung in Vergessenheit. Einige Landwirte haben den Anbau wieder angeregt und die Marke »Teltower Rübchen« 1993 beim Patentamt schützen lassen.

Gesundheits-Check

Die verschiedenen Speiserüben sind leicht verdaulich und kalorienarm. Sie bieten einen guten Nährstoffmix an, vor allem Kalium ist gut vertreten, jener Mineralstoff, der Herz und Kreislauf entlastet.

Im direkten Vergleich ist das Teltower Rübchen der Mairübe etwas überlegen, vor allem was den Gehalt an Vitaminen und Mineralien angeht. So enthält es beispielsweise doppelt so viel Eisen und viermal so

Mairübchen erreichen schon nach sieben Wochen die Erntereife.

Die kleinen Mairüben ergeben ein zartes und mildes Gemüse.

viel Folsäure. Dafür liefert uns das Mairübchen wesentlich mehr Beta-Carotin und Calcium.

Bezüglich der sekundären Pflanzenstoffe punktet wiederum das Teltower Rübchen, denn es enthält außergewöhnlich viele Glucosinulate (800 mg/100 g), aus denen sich die Senföle bilden. Das ist zwanzigmal so viel, wie die entsprechende Menge Brokkoli enthält! Diese gesundheitsförderlichen Stoffe haben eine gute antibakterielle und eine starke krebsvorbeugende Wirkung.

Seit Kurzem gibt es auch Hinweise, dass Speiserüben antidiabetische und cholesterinsenkende Effekte besitzen.

Delikatessen mit leichter Schärfe

Alle Speiserüben besitzen vor allem roh genossen eine gewisse Schärfe, die an Rettich erinnert, hervorgerufen durch die Senföle. Die weiße Mairübe ist insgesamt wesentlich zarter und milder als das gelbliche Teltower Rübchen. Die rundliche Mairübe enthält vor allem in der Schale Senföle, während das kegelförmige Teltower Rübchen auch im Fleisch eine einzigartige Mischung aus Süße und Schärfe präsentiert.

Beide Speiserüben werden mit einer Dicke von durchschnittlich 4–8 cm nicht besonders groß. Sie werden deshalb nur geschabt oder mit dem Sparschäler geschält. Sie eignen sich geraspelt als Salat für den Rohverzehr. Sie schmecken aber auch gedünstet, als Gratin zubereitet, in der Pfanne angebraten oder in Rahmsuppen verarbeitet vorzüglich. Beim Erhitzen geht die Schärfe etwas verloren und die Rüben bekommen einen lieblich-würzigen Geschmack, gepaart mit einem Kohlrabiaroma. Bei den Teltower Rübchen gibt es eine traditionelle Zubereitung, bei der die Wurzeln karamellisiert werden.

Bei allen Speiserüben können auch die Blätter als Spinat verarbeitet werden. In manchen Gegenden isst man im Frühjahr nur die Blattstiele, die dann als Stielmus oder Rübstiel bezeichnet werden. Blätter und Stiele enthalten sehr viel Kalzium und Vitamin C.

Anbau im Garten

Die anspruchslosen Speiserüben sind zweijährig. Sie bilden im ersten Jahr eine Blattrosette und kommen im zweiten Jahr zur Blüte und Samenbildung. Sie gedeihen am besten auf lockeren, sandig-lehmigen Böden an einem sonnigen bis halbschattigen Standort. Regelmäßiges Gießen sorgt für zarte Wurzeln. Sie haben eine relativ kurze Kulturdauer von 7–8 Wochen.

Mairüben werden im zeitigen Frühjahr (März) gesät, so dass man sie schon im Mai ernten kann. Sie können sie für eine Herbsternte aber auch im Juli/August aussäen. Säen Sie die Samen 1–2 cm tief in Reihen mit Abständen von 25 cm aus. Innerhalb der Reihen wird nach der Keimung auf 15 cm vereinzelt.

Je nach Sorte bilden Mairüben weiße, weiß-violette sowie plattrunde bis runde Rüben aus. Bekannte alte Sorten sind »Goldball« und »Plattrunde Weiße«.

Teltower Rübchen werden erst ab August gesät, und zwar in den gleichen Abständen wie die Mairübe. Die Ernte beginnt dann im Herbst ab Ende September. Sie können im kühlen Keller in Sand eingelagert werden, sind aber nicht länger als 3 Monate haltbar. Bekannte Sorten sind »Petrowski« und »Teltower Kleine«.

Speiserüben sind wie alle Kreuzblütengewächse anfällig für Kohlhernie und Erdflöhe. Deshalb ist es sinnvoll, zu anderen Kreuzblütlern eine Anbaupause von mindestens drei Jahren einzuhalten. Auch Speiserüben sollte man nicht in aufeinanderfolgenden Jahren auf der gleichen Fläche anbauen, sondern drei Jahre Pause einhalten.

Teltower Rübchen, glasiert (vegetarisch)

Für 4 Personen, 25 Min.

- 800 g Teltower Rübchen
- 40 g Butter
- 3 EL Vollrohrzucker oder 3 EL Honig
- 200 ml Gemüsebrühe
- 50 ml Orangensaft
- Salz
- Pfeffer
- frische Petersilie (kleingeschnitten)

Rübchen waschen, schälen und halbieren.

Butter im Topf erhitzen. Zucker zugeben und unter Rühren leicht karamellisieren lassen. Rübchen dazugeben und von allen Seiten etwas anschwitzen. Dann mit Gemüsebrühe und Orangensaft ablöschen. 15 Minuten bei kleiner Hitze schmoren lassen, so dass der Sud leicht dickflüssig wird.

Mit Salz und Pfeffer abschmecken und mit Petersilie garnieren.

TIPP Teltower Rübchen werden oft zu Fisch, Geflügel oder Fleisch serviert, passen aber auch zu Kartoffel- und Nudelgerichten.

Rübchen in Petersilienbutter (vegetarisch)

Für 4 Personen als Beilage, 25 Min.

- 5–6 größere Mairübchen oder Teltower Rübchen (ca. 600 g)
- 3 EL Butter
- 1 Handvoll Blätter von den Rübchen
- 100 ml Gemüsebrühe
- Salz
- Pfeffer
- 100 ml Sahne
- 4 Frühlingszwiebeln
- ½ Bund frische Petersilie (kleingeschnitten)

Rübchen waschen, schälen und in Scheiben schneiden.

Butter in der Pfanne erhitzen und Rübchen darin anschmoren. Dann mit Gemüsebrühe ablöschen und kleingeschnittene Rübchenblätter dazugeben. 10 Minuten bei kleiner Hitze schmoren lassen.

Mit Salz und Pfeffer abschmecken. Sahne sowie kleingehackte Frühlingszwiebeln und Petersilie dazugeben. Passt wunderbar als Beilage zu Bratkartoffeln.

Teltower Rübchen, glasiert

Süßkartoffel

Ipomoea batatas (Windengewächse)

Heilwirkung: antioxidativ (freie Radikale), antidiabetisch, antikarzinogen, blutdrucksenkend

Geschmack: Knollen etwas süßlich mit dem Aroma von Speisekürbis

Eine uralte Kulturpflanze

Die Süßkartoffel *(Ipomoea batatas)*, auch Batate genannt, ist eine Kletterpflanze aus der Familie der Windengewächse. Sie ähnelt der Kartoffel zwar in Aussehen und Zubereitung, aber sie sind nur entfernt verwandt. Ihre Heimat liegt in Mittel- und Südamerika (Mexiko, Kolumbien, Peru), wo sie schon vor 5800 Jahren in Kultur genommen wurde. Archäologische Ausgrabungen belegen, dass die nährstoffreiche Süßkartoffel maßgeblich am Erfolg des Übergangs zur sesshaften Lebensweise beteiligt war. Bis dahin hatten die Menschen dort als nomadisierende Sammler und Jäger gelebt.

Von Amerika ausgehend breitete sich der Anbau der wärmeliebenden Süßkartoffel allmählich in fast allen tropischen und subtropischen Ländern aus und sie wurde dort zum Grundnahrungsmittel. Der Seefahrer Christoph Kolumbus brachte sie Ende des 15. Jahrhunderts nach Europa, wo sie vor allem in Spanien und Portugal einen Siegeszug hinlegte. Zur ihrer Verbreitung trug bei, dass man der Knolle lust- und potenzsteigernde Wirkungen nachsagte. Inzwischen liegt sie in der Anbau-Hitliste aller Wurzel- und Knollengemüse auf Platz 3 und die Volksrepublik China ist der mit Abstand größte Produzent. Neuerdings gibt es auch Sorten, die sich in Mitteleuropa anbauen lassen.

Gesundheits-Check

Die Süßkartoffel hat ein ausgewogenes Verhältnis von Nährstoffen und Vitalstoffen. Das »Center for Science in the Public Interest« (CSPI) stellte eine Liste der nährstoffreichsten Gemüse zusammen, welche die Süßkartoffel mit weitem Abstand anführt.

Außergewöhnlich hoch ist der Gehalt an Betacarotin (8,1 mg), das im Körper in Vitamin A umgewandelt wird und dort zellschützend wirkt sowie die Abwehrkräfte stärkt. Nur die Karotte übertrifft diesen Wert (8,8 mg). Auch Vitamine der B-Gruppe und Vitamin E (4,5 mg) sind reichlich vorhanden.

Die zahlreich vertretenen sekundären Pflanzenstoffe gelten als Antioxidanzien, die vor den schädlichen freien Radikalen schützen. Außerdem wirken die Inhaltsstoffe der Knolle nachweislich vorbeugend gegen Bluthochdruck und Diabetes. Mitverantwortlich dafür ist ein Stoff namens Caiapo, der sich vor allem in der Schale befindet, weshalb die Knolle möglichst nicht geschält werden sollte. Am wertvollsten für

Auch die zarten Blätter eignen sich als Gemüse.

Je nach Sorte variiert die Farbe der Knollen.

unsere Gesundheit sind Sorten mit orangefarbenem Fleisch.

Einige Süßkartoffelsorten enthalten Spuren von Blausäure. Bei normalen Verzehrgewohnheiten gilt der Gehalt als völlig unbedenklich. Außerdem zerfällt Blausäure bei Erhitzung komplett.

Eine kulinarische Bereicherung

Vor einigen Jahren war die Süßkartoffel bei uns noch kaum bekannt, aber inzwischen ist sie fester Bestandteil der Gemüseabteilungen geworden. Der leicht süßliche Geschmack der Knolle erinnert etwas an Möhren und Kürbis. Das ausgezeichnete Aroma entfaltet sich am besten beim Erhitzen, wobei die Süßkartoffel eine mehlige Konsistenz bekommt.

Die süßlichen Knollen können sehr vielseitig zubereitet werden. Zunächst einmal eignen sie sich für alle Kartoffelrezepte: zum Beispiel als Ofengemüse oder in der Pfanne gebraten, als Auflauf, Eintopf, Suppe und Püree. Ganz genial schmecken sie frittiert wie »Pommes« oder als Chips. Zubereitung wie beim Rezept Topinambur-Chips (Seite 124). Es gibt auch leckere Rezeptbeispiele aus der indischen Küche, wo sie als Süßspeise zubereitet werden.

Süßkartoffeln können aber auch wie Möhren roh gegessen oder geraspelt als Salat zubereitet werden. Bei den im Handel befindlichen Sorten muss man keine Bedenken wegen der Blausäure haben (siehe oben).

Die Blätter der Süßkartoffel können Sie wie Spinat zubereiten. Da sie viele phenolische Verbindungen enthalten, sind sie sehr gesund.

Anbau im Garten

Die einjährige Süßkartoffel benötigt viel Wärme, weshalb sie den sonnigsten Gartenplatz bekommt. Temperaturen um 25 °C sind ideal, unter 10 °C stockt das Wachstum. Der Boden sollte locker, durchlässig und humusreich sein. Die Knolle verträgt weder Staunässe noch Trockenheit.

Es gibt nicht viele Sorten, die an unser Klima angepasst sind. Bevorzugen Sie carotinreiche Sorten mit gelbem oder orangefarbenem Fleisch, wie beispielsweise Beauregard, Evangeline oder Orleans. Die äußere Farbe der Knollen kann je nach Sorte von Gelblich bis Violett variieren.

Sie können entweder Pflanzen käuflich erwerben oder Sie ziehen aus den Speicherknollen selbst Pflanzen heran. Dazu werden ab Februar Süßkartoffeln in vier Teile geschnitten. Die Schnittflächen sollten 2–3 Tage antrocknen. Die Knollenstücke nun in Töpfe mit feuchter Anzuchterde stecken, wobei sie noch ein wenig herausschauen dürfen. An einem warmen Ort (über 20 °C) treiben sie innerhalb weniger Wochen aus.

Eine weitere Anzuchtmöglichkeit kennen Sie eventuell von der Avocadovermehrung: Mit drei Zahnstochern als Stütze steht die Knolle mit dem unteren Drittel in einem Wasserglas und beginnt Wurzeln und Triebe auszubilden. Dann wird sie in einen Topf mit Erde umgepflanzt. Pflanzen Sie erst ab Ende Mai ins Freie, da die Süßkartoffel beim geringsten Frost abstirbt.

Der Reihenabstand im Freiland beträgt 40 cm, innerhalb der Reihe 30 cm. Bei schweren Böden hat es sich bewährt, auf etwa 60 cm breite Dämme zu pflanzen. Im Sommer bildet sich ein dichter Blätterteppich.

Ab Oktober, spätestens nach dem ersten Raureif, muss die Ernte beginnen. Süßkartoffeln können an einem kühlen Ort (12–16 °C) nur etwa 4 Wochen gelagert werden. Die Knollen werden süßer und lagerfähiger, wenn Sie sie nach der Ernte für 4–5 Tage in schwarze Folie gewickelt in die Sonne oder ins Gewächshaus legen (viel Wärme und hohe Luftfeuchtigkeit!).

Süßkartoffel-Ofen-pommes (vegan)

Für 2–3 Personen, 40 Min. (mit Backzeit)

- 700 g Süßkartoffeln
- 3 EL Öl
- 1–2 TL Salz
- Eventuell Gewürze nach Vorliebe: Pfeffer, Curry, Chili …

Süßkartoffeln gründlich bürsten und in pommesähnliche Stifte schneiden. Kurz in Wasser durchspülen und in einem Küchentuch trocknen. In einer Schüssel mit Öl, Salz und Gewürzen gut vermengen.

Backblech mit Backpapier auslegen und Pommes so darauf verteilen, dass sie sich nicht berühren. Bei 200 °C im vorgeheizten Ofen ca. 30 Minuten backen. Bei halber Backzeit Pommes wenden.

TIPP Mit folgendem Trick werden die Pommes im Ofen besonders knusprig: Sie werden zunächst in einer Schüssel mit 2 EL Speisestärke vermengt. Erst dann mit Öl und Gewürzen vermischen.

Süßkartoffel-Kuchen (vegetarisch)

Für 1 Kuchen, 65 Min. (mit Backzeit)

- 400 g Süßkartoffeln
- 200 g Haselnüsse oder Mandeln
- 30 g Kokosraspel
- 3 TL Backpulver
- 60 ml Kokosöl, nativ
- 120 g Honig
- 3 Eier
- 1 TL Zimt
- 3 EL Sonnenblumenkerne

Süßkartoffeln bürsten und mit der Schale fein raspeln. Haselnüsse fein mahlen oder im Mixer zerkleinern. Kokosöl im Wasserbad schmelzen.

Haselnüsse, Kokosraspel und Backpulver gut mit den Süßkartoffeln mischen.

In einer Schüssel Kokosöl, Eier, Zimt und Honig verquirlen. Anschließend zusammen in die Süßkartoffelmischung einrühren.

Kastenform ausfetten und mit Sonnenblumenkernen ausstreuen. Teig in die Form füllen und im 175 °C heißen Ofen ca. 50 Minuten backen.

Süßkartoffel-Ofenpommes

Topinambur

Helianthus tuberosus (Korblütengewächse)

Heilwirkung: antikarzinogen, cholesterinsenkend, harntreibend, präbiotisch (Seite 14)

Geschmack: Knollen süßlich-nussig mit Artischockenaroma

Ein Indianervolk als Namensgeber

Die gelb blühende Topinambur *(Helianthus tuberosus)* ist mit der Sonnenblume verwandt und kommt ursprünglich aus Mexiko. Von dort verbreitete sie sich über Nordamerika bis nach Kanada. Im Jahre 1612 kam die Pflanze nach Paris und wurde »Indianerkartoffel« genannt.

Den seltsamen Namen Topinambur bekamen die Knollen von einem indigenen Volk aus Brasilien, das sich Tubinambá nannte und im Verdacht stand, rituellen Kannibalismus auszuüben. Vertreter dieses Volkes waren rein zufällig zur gleichen Zeit Gast in Paris, als man die neue Pflanze dort vorstellte. Sie begeisterten den französischen Adel mit schaurigen Schautänzen. Obwohl sie nichts mit der mittelamerikanischen Knolle zu tun hatten, wurden sie zum Namensgeber.

Zunächst wurde die süßlich schmeckende Knolle in ganz Europa ein beliebtes Gemüse. Der englische Schriftsteller Townsend schrieb 1726: »Die gekochte Wurzel ist bestens für das Weihnachtsessen geeignet«. Ab 1750 wurde sie jedoch von einer anderen Knolle verdrängt, die ebenfalls aus Mittel-und Südamerika kam: der Kartoffel. Die Topinambur wurde vor allem zur Futterpflanze für Pferde und Schweine. Davon zeugen noch alte Namen wie Rosskartoffel. Außerdem entdeckte man die stärkehaltige Knolle für die Schnapsbrennerei. Der Schnaps mit dem nussigen Aroma ist in Baden als »Rossler« bekannt.

Da Topinambur eine schöne Blütenpflanze ist, die von August bis November blüht, hat sie im Garten durchaus auch einen Zierwert. Sie kann allerdings bis zu 3 m hoch wachsen.

Gesundheits-Check

Die fettarme Topinambur enthält wesentlich weniger Kalorien als die Kartoffel. An Mineralien liefert sie sehr viel Kalium (478 mg/100 g) und Eisen (3,7 mg/100 g). Kalium ist für die entwässernde Wirkung der Knolle verantwortlich und wichtig für das Funktionieren von Zellen, Nerven und Muskeln. Eisen befähigt die roten Blutkörperchen, Sauerstoff zu transportieren, und ist zudem ein wichtiger Bestandteil von Muskelzellen. Außerdem besitzt Topinambur viel Vitamin E (2 mg/100 g) sowie das für den Energiestoffwechsel unentbehrliche Vitamin B_1.

Topinambur eignet sich auch als schöne Blütenpflanze für den Bauerngarten.

Die kartoffelgroßen Knollen können über Winter in der Erde bleiben.

Die Topinamburknollen haben eine weitere Besonderheit: Sie haben einen außergewöhnlich hohen Gehalt an Inulin (16%) sowie an Ballaststoffen (12,5 g/100 g). Der Mehrfachzucker Inulin ist bei Diabetikern sehr beliebt, weil er den Blutzuckerspiegel nicht beeinflusst. Er benötigt kein Insulin zur Verdauung. Dieser Stoff wirkt sich deshalb auch appetitzügelnd aus. Außerdem werden durch das Präbiotikum Inulin die Blutfettwerte gesenkt und die Darmflora wird positiv beeinflusst. Inulin kann bei manchen Menschen Blähungen verursachen.

Topinambur enthält doppelt so viel Ballaststoffe wie Vollkornbrot. Sie senken den Cholesterinspiegel und beugen Darmkrebs vor. Die Knolle enthält zudem zahlreiche sekundäre Pflanzenstoffe (Polyphenole), die als krebshemmend angesehen werden. In der Volksmedizin werden auch die Blüten als Tee verwendet. Er soll hilfreich sein bei Magenbeschwerden und Verdauungsproblemen. Außerdem trinkt man den Blütentee bei Erschöpfungszuständen. Neuere Untersuchungen bestätigen zudem eine antikanzerogene Wirkung der Blüten.

Eine rundum gesunde Knolle

Die kartoffelgroßen Knollen haben je nach Sorte eine dünne gelbe, rote oder violette Außenhaut. Innen sind sie jedoch alle weiß. Die dünne Haut muss nicht entfernt werden, es genügt ein gründliches Waschen und Abbürsten. Lediglich beim Kochen in Wasser wird die Schale etwas zäh und wird deshalb vorher entfernt. Allerdings ist Kochen ohnehin die schlechteste Zubereitungsmethode, denn der Geschmack leidet dabei erheblich.

Da die geschälte und aufgeschnittene Topinambur ähnlich wie ein geschälter Apfel sehr schnell braun wird, sollten Sie sie rasch verarbeiten. Durch Zugabe von Zitronensaft oder Essig ins Wasser können Sie die Verfärbung verzögern.

Der Geschmack der Knollen ist süßlich-nussig und erinnert manche Menschen an Artischockenböden, andere an Maronen. Man kann die Knollen grillen, braten, dünsten oder backen. Sie eignen sich geraspelt sehr gut als Rohkost, eventuell gemischt mit Möhren und mit gerösteten Sonnenblumenkernen garniert. Oder man bereitet daraus ähnlich wie mit Kartoffeln ein Gratin, eine Cremesuppe oder ein Püree.

Anbau im Garten

Die mehrjährige Topinambur liebt sonnige Standorte und einen lockeren, tiefgründigen Boden. Die Knollen werden von März bis April etwa 10 cm tief in die Erde gelegt. Der Reihenabstand beträgt 60 cm, in der Reihe ist der Pflanzabstand etwa 30 cm. Die Reihen können Sie nach dem Aufwuchs ähnlich wie Kartoffeln mit Erde anhäufeln. Den Knollenertrag können Sie steigern, wenn Sie im Spätsommer (August/September) die Blütentriebe abschneiden, was aber eigentlich schade ist.

Die Ernte der neu gebildeten Knollen beginnt im November und wird nach Bedarf bis März fortgeführt. Da die Wurzelknollen nicht gut lagerfähig sind, ist es sinnvoll, sie über Winter in der Erde zu lassen. Sie sind bis –20 °C frosthart und müssen notfalls mit Stroh vor stärkerem Frost geschützt werden.

Im Gegensatz zu Kartoffeln kann man die Knollen nur für wenige Wochen offen einlagern. Es gibt zahlreiche altbewährte Sorten, die sich gut für die Küche eignen, zum Beispiel »Bianca«, »Gute Gelbe«, die rotfarbene «Gföhler Rote« oder die violette »Violet de Renes«.

Tobinambur hat im Garten einen starken Vermehrungsdrang; einmal angesiedelt, ist sie schwer zu entfernen.

Topinambur-Chips (vegan)

Für 4 Personen, 45–50 Min. (mit Backzeit)

- 600 g Topinambur
- 4 EL Olivenöl
- 1 TL Meersalz
- Pfeffer
- Je nach Vorliebe 1 TL Curry oder ½ TL Chili

Topinambur waschen, bürsten und in 2 mm dünne Scheiben schneiden oder hobeln.

Olivenöl mit Salz und Gewürzen mischen. Topinambur zugeben und gut vermengen.

Die Scheiben auf einem mit Backpapier ausgelegten Backblech verteilen. Bei 140 °C im vorgeheizten Ofen 55–60 Minuten backen. Dabei mehrmals umwenden.

TIPP Die Chips werden bei niederen Temperaturen gebacken, da sich dann kaum krebserregendes Acrylamid bildet. Sie können sie auch bei noch geringeren Temperaturen »rösten«: bei 60–70 °C dauert das etwa 8–12 Stunden. Dazu können Sie auch ein Dörrgerät einsetzen.

Gebratener Topinambur mit Tofu (vegan)

Für 4 Personen, 25 Min.

- 750 g Topinambur
- 250 g Räuchertofu
- 4 EL Olivenöl oder Rapsöl
- 2 Knoblauchzehen
- Meersalz
- Pfeffer
- ½ Bund Petersilie

Topinambur gründlich waschen, bürsten und in 0.5–1 cm dünne Scheiben schneiden. Räuchertofu würfeln und Knoblauch in dünne Scheibchen schneiden.

Olivenöl in einer Pfanne erhitzen und Topinambur in ca. 10 Minuten goldbraun braten. Nach 5 Minuten Bratzeit den gewürfelten Räuchertofu dazugeben sowie den Knoblauch. Mit Salz und Pfeffer würzen und mit Petersilie garnieren.

TIPP Dazu passen vorzüglich ein würziger Quarkdip und ein frischer Blattsalat.

Topinambur-Chips

Wurzel-petersilie

Petrosilium crispum ssp.tuberosum (Doldenblütengewächse)

Heilwirkung: appetitanregend, blähungstreibend, krampflösend, harntreibend

Geschmack: junge Blätter typisch nach Petersilie, Wurzeln aromatisch und süßlich, erinnert etwas an Pastinake

Potenzmittel unserer Vorfahren

Die Wildform der Petersilie *(Petroselinum crispum)* wächst im Mittelmeerraum, vor allem in den Küstengebieten Nordafrikas. Es gibt drei Kulturformen der Petersilie, die im Garten angebaut werden: die bekannte und beliebte krausblättrige Petersilie *(Petroselinum crispum* var. *crispum),* die glattblättrige Petersilie *(P. crispum* var. *neapolitanum),* auch Italienische Petersilie genannt, sowie die Wurzelpetersilie *(P. crispum* var. *tuberosum).* Die Wurzelpetersilie hat eine wohlschmeckende, gelbweiße Wurzel, die der Pastinake ähnelt. Sie besitzt glatte Blätter wie die Italienische Petersilie.

Der altgriechische Name *petroselinon* bedeutet Felsen-Sellerie, vermutlich, weil die Wildform gerne an felsigen Orten wächst und sellerieähnliche Blätter besitzt. Daraus entwickelte sich das deutsche Wort Petersilie.

Bei den Griechen und Römern war die Petersilie ein hoch geschätztes Arzneimittel. Sie galt unter anderem als menstruationsfördernd. Die Früchte nutzte man im Mittelalter zur Abtreibung, was allerdings für die Frauen nicht ungefährlich war, wie folgender Spruch bezeugt: »Petersilie hilft dem Manne aufs Pferd, den Frauen unter die Erd.« Eine weitere Anspielung auf die potenzfördernde und gleichzeitig abortive Wirkung der Früchte findet sich in der Bezeichnung »Petersiliengasse« für jene Straßen, in denen sich die Freudenhäuser befanden.

Im Mittelalter erklärte man sich die lange Keimzeit der Petersilie folgendermaßen: Sie müsse erst nach Rom zum Petersdom reisen, um dort vom heiligen Petrus die Erlaubnis zum Keimen zu holen. Das dauerte, zumindest früher, sechs Wochen.

Gesundheits-Check

Petersilienwurzel ist proteinreich und enthält sehr viel Kalium (400 mg/100 g) und Magnesium (26 mg/100g). Außerdem findet man viele Vitamine der B-Gruppe, die unter anderem eine positive Wirkung auf das Nervensystem haben. Der Vitamin-C-Gehalt gleicht dem einer Zitrone.

Die Blätter enthalten sogar noch mehr Vitamin C und außerdem Provitamin A und

Das Kraut der Wurzelpetersilie ist genauso als Gewürz verwendbar wie die Blattpetersilie.

Ab Oktober können die aromatischen Wurzeln ausgegraben werden.

unglaublich viel Eisen. Deshalb sollten Sie das Kraut unbedingt mitverwenden.

In allen Pflanzenteilen befindet sich ätherisches Öl, was für den würzigen Geschmack verantwortlich ist. Ein Tee aus Blättern oder Wurzeln wirkt harntreibend, krampflösend, blähungstreibend und verdauungsfördernd. Dementsprechend nutzt man ihn bei Harnwegserkrankungen und zur Durchspülungstherapie bei Nierengrieß. Früher war die Wurzel auch ein wichtiges Mittel bei Rheuma und Gicht.

Die abortiv wirksamen Früchte (Samen) werden aufgrund des hohen Apiol-Gehaltes heute nicht mehr verwendet. Früher nahm man sie in der Geburtshilfe, bei ausbleibender Regelblutung und zur Abtreibung. Der Tee aus den Wurzeln ist in der Wirkung wesentlich milder, sollte aber bei einer Schwangerschaft vorsichtshalber nicht getrunken werden.

Ein Klassiker in der Küche

Schon im Mittelalter war Wurzelpetersilie ein beliebtes Küchenkraut und blieb es auch. So schrieb Hieronymus Bock (1498–1554): »Wo findet man in deutschen Landen eine Küche darin Petersilie mit seiner Wurzel nicht gebraucht wird?« Die Wurzel hat einen intensiven, leicht süßlichen Geschmack. Er ist dem der Pastinake ähnlich, aber etwas aromatischer, mit einem Hauch Sellerie.

Petersilienwurzel ist der Klassiker für Suppen und Gemüseeintöpfe. Sie eignet sich ebenso als Ofengemüse oder mit Kartoffeln gemischt als Püree oder Kartoffelpuffer. Man kann sie aber auch sehr gut geraffelt in Rohkostsalaten verwenden.

Die glatten Blätter der Wurzelpetersilie sind ebenfalls verwendbar; sie enthalten das typische Petersilienaroma. Man nutzt sie frisch als Garnitur und Würze von Suppen, Soßen, Salaten, belegten Broten, Kräuterbutter und Eierspeisen. Außerdem passen die Blätter gut zu Kartoffeln, Gemüse und Fischgerichten.

Anbau im Garten

Die zweijährige Wurzelpetersilie benötigt einen durchlässigen und lockeren Boden. Ein pH-Wert von 6,5 wäre ideal, was eine gelegentliche Kalkdüngung erfordert. Petersilie ist mit sich selbst unverträglich, weshalb Sie Neuaussaaten erst nach drei Jahren Pause wieder im selben Beet tätigen.

Sie können die winterharte Petersilie von März bis April direkt ins Freie säen. Die Samen werden im Reihenabstand von 30 cm ausgesät, innerhalb der Reihe wird nach Aufgehen auf 15 cm vereinzelt. Als Dunkelkeimer wird der Samen etwa 1–2 cm hoch mit Erde bedeckt. Allerdings benötigt Petersilie mit 3–6 Wochen sehr lange zum Keimen. Deshalb ist es ratsam, Radieschen als Markiersaat mit auszusäen. Während der Keimung muss die Erde feucht gehalten werden, damit das Saatgut nicht austrocknet. Es gibt zahlreiche Sorten, wie beispielsweise die »Halblange« oder »Dobra«, »Halas«, »Alba« und »Arat«.

Petersilie wird gerne von Pilzkrankheiten befallen. Zur vorbeugenden Stärkung helfen regelmäßige Spritzungen mit Zwiebeltee. Die Wurzeln sind anfällig für Nematoden (hier hilft eine Mischkultur mit Ringelblumen und Tagetes) und für die Möhrenfliege (Mischkultur mit Zwiebeln).

Die Ernte beginnt im Oktober, wobei die Wurzeln im kühlen Keller in feuchtem Sand eingelagert werden. Die frostharten Wurzeln können Sie aber auch bis Februar in der Erde lassen und nach Bedarf an frostfreien Tagen ernten. Später wird die Wurzel allerdings holzig. Falls Sie die Blätter als Gewürz verwenden, sollten Sie nicht zu viel abschneiden, denn ein großer Blattverlust bremst das Wurzelwachstum.

Tagliatelle mit Wurzelpesto (vegetarisch)

Für 4 Personen, 35 Min.

- 250 g Petersilienwurzeln geschält
- 180 ml Gemüsebrühe
- 50 g Sonnenblumenkerne
- 1 Knoblauchzehe
- 70 ml Olivenöl
- 3 EL Zitronensaft
- Salz
- Pfeffer
- 75 g Parmesan, gerieben
- 1 Handvoll grüne Kräuter
- 450 g Tagliatelle-Nudeln
- ½ Bund Petersilie

Petersilienwurzel in Würfel schneiden. In Gemüsebrühe 15 Minuten garen (etwa 30 ml zurückbehalten). Sonnenblumenkerne ohne Fett rösten.

Im Mixer aus Petersilienwurzeln, Öl, Sonnenblumenkernen, Knoblauch, Parmesan und einer Handvoll Kräutern ein feinkörniges Pesto pürieren. Mit Zitronensaft, Salz und Pfeffer abschmecken. Falls nötig, mit Gemüsebrühe sämiger machen.

Tagliatelle in Salzwasser al dente kochen. Pesto unter die Nudeln ziehen, mit kleingeschnittener Petersilie bestreuen und servieren.

Petersilienwurzel-Suppe (vegetarisch)

Für 4 Personen, 30 Min.

- 3 Schalotten
- 400 g Petersilienwurzeln
- 150 g Kartoffeln
- 2 EL Rapsöl
- 750 ml Gemüsebrühe
- 100 ml Sahne
- 1 TL Balsamico
- Salz
- Pfeffer
- Muskat
- 4 Scheiben Baguette
- 2 EL Butter

Schalotten, Kartoffeln und Petersilienwurzeln schälen und in kleine Stücke schneiden.

Gemüse im Öl anschwitzen lassen. Nach einigen Minuten mit Gemüsebrühe aufgießen. Bei kleiner Hitze in ca. 20 Minuten weich kochen und alles mit einem Mixstab fein pürieren. Dann Sahne, Balsamico und Gewürze dazugeben.

Baguette in Würfel schneiden und in Butter goldbraun rösten. Suppe mit Croûtons servieren.

Tagliatelle mit Wurzelpesto

Yacon

Smallanthus sonchifolius (Korbblütengewächse)

Heilwirkung: antikarzinogen, antidiabetisch, präbiotisch (Seite 14), cholesterinsenkend

Geschmack: Knollen fruchtig-süßlich, melonenartig

Die südamerikanische Inka-Knolle

Yacon *(Smallanthus sonchifolius)*, auch Inkawurzel genannt, kommt aus Südamerika und ist nahe verwandt mit Topinambur. Die süßlich schmeckenden Wurzelknollen werden in den Anden schon seit über tausend Jahren als Nahrungsmittel angebaut. Bei den Inkas in Peru gehörten sie zu den traditionellen Speisen, die an den neun Tage andauernden Inti-Raymi-Feiertagen (Fest der Sonne) serviert wurden. Die Knolle ist außergewöhnlich wasserhaltig, worauf auch der Name hindeutet: *Yacon* heißt in Quechua, der Sprache der Inkas, »Wasser-Wurzel«.

Andere Gemüse der Inkas, wie die Kartoffel oder Paprika, kamen schon sehr früh im 16. Jahrhundert nach Europa. Die Yacon-Pflanze kam erstaunlicherweise erst im 19. Jahrhundert zu uns und ist bis heute in Europa noch ziemlich unbekannt, vielleicht auch, weil der Verkauf lange Zeit verboten war: Yacon galt als sogenanntes »neuartiges Lebensmittel« und durfte aufgrund der Novel-Food-Verordnung der Europäischen Union nicht verkauft werden. Erst seit 2015 ist der Verkauf erlaubt.

Inzwischen gilt die Wurzel als Superfood und wird dementsprechend umfassend vermarktet, vor allem in Form von Sirup oder als Pulver. Da Yacon auch in unserem Klima sehr gut gedeiht, ist es sinnvoll, die gesunde Wurzel bei uns zu kultivieren und frisch zu genießen (siehe Anbau im Garten).

Gesundheits-Check

Yacon galt schon bei den Inkas als Heilpflanze. Die Wurzelknolle besitzt einen außergewöhnlich hohen Gehalt an Inulin und Fructo-Oligosacchariden und ist deshalb in besonderem Maße für Diabetiker geeignet. Es kommt bei diesen sogenannten präbiotischen Ballaststoffen zu keinem Anstieg des Blutzuckerspiegels und außerdem sind sie eine wertvolle Nahrung für die »guten« Darmbakterien.

Der positive Einfluss auf die Darmflora trägt zudem zur Stärkung des Immunsystems bei und reduziert das Darmkrebsrisiko. Außerdem haben Untersuchungen gezeigt, dass der Genuss der Knollen einen positiven Einfluss auf den Blutzuckerspiegel und die Cholesterinwerte hat.

Die ballaststoffreichen Knollen enthalten zudem viele B-Vitamine und Mineralien. Vor allem Kalium und Kalzium sind mit Spitzenwerten vertreten.

Im Herbst erscheinen die Yaconblüten, die wie kleine Sonnenblumen aussehen.

Vor dem Einlagern legt man die Wurzeln noch einige Tage an einen hellen Platz, damit sie süß werden.

Obst oder Gemüse?

Die großen länglichen Yacon-Knollen erinnern von ihrer Form her an Süßkartoffeln. Sie können bis zu 500 g schwer werden. Je nach Sorte sind sie weiß, gelblich oder rötlich und auch das Innere variiert farblich. Die fruchtig-süßen Knollen werden nicht umsonst als unterirdisches Obst bezeichnet, denn sie erinnern geschmacklich an Birnen, Melonen oder an süße Möhren. Die Intensität der Süße hängt jedoch auch von den Sorten ab (siehe Anbau im Garten). Sie können geschält roh genossen werden. Man kann sie auch in Obstsalate mischen oder zusammen mit Karotten als Rohkostsalat raspeln oder in Smoothies verarbeiten. Dank des hohen Wassergehaltes sind sie sehr saftig, aber gleichzeitig knackig im Biss.

Die Knollen eignen sich auch zum Kochen, Dünsten, Braten, Fritieren oder Grillen. Dabei ist es sinnvoll, andere Gemüse dazu zumischen, denn Yacon enthält natürliche Glutaminsäure und verstärkt somit den Geschmack von mitgekochten Gemüsearten. Auch zum Herstellen von Marmelade können Sie die vielseitige Knolle verwenden. Gleich nach dem Schälen verfärbt sie sich braun, was Sie durch Einlegen in Zitronenwasser verhindern können.

In Peru nutzt man auch die etwas bitter schmeckenden Blätter, allerdings als Heiltee bei Magen-Darm-Erkrankungen.

Anbau im Garten

Yacon lässt sich nicht durch Samen vermehren, sondern nur durch Wurzelrhizome (Wurzelstockknospen) oder durch den Kauf von Jungpflanzen. Die Rhizome werden wegen der Frostempfindlichkeit erst gepflanzt, wenn keine Frühjahrsfröste mehr zu erwarten sind, also ab Mitte Mai. Um den Pflanzen einen Vorsprung zu geben, ist zu empfehlen, sie im Topf vorzuziehen (10–15 cm tief einlegen).

Ab Mitte Mai können Sie sie dann in einem Abstand von 80 cm ins Freie pflanzen. Am liebsten steht Yacon an sonnigen Standorten, wobei Sie darauf achten sollten, dass der Platz windgeschützt ist, denn die Pflanze wird bis zu 2 m hoch. Außerdem trägt eine ausreichende Feuchtigkeitsversorgung zur guten Knollenbildung bei.

Die Ernte beginnt vor den ersten Frösten, also je nach Lage zwischen Oktober und November. Yacon entwickelt zwei verschiedene Wurzelorgane: große, längliche Speicherknollen zum Essen und kleinere Rhizome zur Weitervermehrung. Die Rhizome werden bis zum Frühjahr kühl (4–6 °C) in Sand einem Torf-Sand-Gemisch eingelagert. Die essbaren Knollen sollten Sie vor dem Verbrauch noch einige Tage frostfrei an einem hellen Ort lagern, denn nur im Tageslicht entwickeln sie ihr süßes Aroma. Dann werden sie in ein feuchtes Tuch eingeschlagen und möglichst innerhalb von zwei bis drei Wochen verbraucht.

Die für den Anbau verfügbaren Sorten haben einen unterschiedlichen Gehalt an Fructo-Oligosacchariden. Besonders süß sind die lila gefärbten Sorten »Morado« und »Quinault«.

Yacon-Smoothie (vegan)

Für 3 Portionen, 15 Min.

- 1 große Yacon-Knolle (ca. 300–350 g)
- 1 frische mittelgroße Ananas
- 1 Banane
- 100 ml Orangensaft
- 2 Msp. Vanillepulver

Ananas und Banane schälen und in Stücke schneiden. Yacon schälen und zerkleinern.

Alles schnell in den Mixer geben und den Orangensaft darübergießen, damit sich die Yaconknolle nicht braun verfärbt. Dann gut durchmixen, bis ein cremiger Smoothie entsteht.

TIPP Wenn Sie den Smoothie flüssiger bevorzugen, können Sie den Anteil des Orangensafts erhöhen. Mit dem gleichen Rezept können Sie auch ein Süßkartoffel-Smoothie herstellen, indem Sie die Yaconknolle durch eine entsprechend große Süßkartoffel ersetzen.

Yacon-Sesam-Salat (vegan)

Für 2–3 Personen, 15–20 Min.

- 2 Yacon-Knollen (ca. 600 g)
- 1 große Süßkartoffel
- 2 getrocknete Feigen
- 2 EL Sesamöl
- 2 EL Sesammus (Tahin)
- 1 EL Zitronensaft
- 1 EL Balsamicoessig
- 1 TL Shoyu
- ½ TL gekörnte Brühe/Gemüsebrühe
- Pfeffer
- Salz
- 2 EL Sesam

Feigen in kleine Stückchen schneiden. Sesam ohne Fett in einer Pfanne anrösten.

Alle Zutaten außer Süßkartoffeln, Yacon, Sesam und Feigen zu einem Dressing zusammenrührten. Yacon und Süßkartoffel schälen und kleinraspeln. Mit den Feigenstückchen sofort unter das Dressing mischen und 10 Minuten durchziehen lassen.

Mit Sesam bestreut servieren.

Yacon-Smoothie

Service

Bezugsadressen für Pflanzen, Vermehrungsmaterial und Saatgut

Kraizschouschteschgaart
www.kraizschouschteschgaart.info
Verein zur Erhaltung und Rekultivierung der Nutzpflanzenvielfalt
www.vern.de
VEN e. V.
www.nutzpflanzenvielfalt.de
Pro Specie Rara
www.prospecierara.de
Blauetikett Bornträger GmbH
www.blauetikett.de
Dreschflegel
www.dreschflegel-saatgut.de
Syringa
www.syringa-samen.de
Grüner Tiger
www.gruenertiger.de
Rühlemann
www.kraeuterzauber.de
Magic Garden Seeds
www.magicgardenseeds.de
Arche Noah
www.arche-noah.at
Saemereien.ch
www.saemereien.ch
Hof Jeebel
www.biogartenversand.de
Aromagärtnerei Deaflora
www.deaflora.de
Haslinger
www.yaconbauer.com
(Yacon, Oca und Topinambur)
Gemüseraritäten Ökokiste Schwarzach
www.oekokiste-schwarzach.de
Viele Raritäten-Sämereien bekommt man auch im gut sortierten Saatguthandel.

Zum Weiterlesen

Beiser Rudi, **Wildkräuter,** TRIAS 2017
Beiser Rudi, **Wildfrüchte,** TRIAS 2018
Beiser Rudi, **Tee aus Kräutern und Früchten,** Kosmos 2020
Beiser Rudi, **Unsere essbaren Wildpflanzen,** Kosmos 2014
Beiser Rudi, **Kraft und Magie der Heilpflanzen,** Ulmer 2013
Beiser Rudi**, Baum und Mensch,** Ulmer 2017
Beiser Rudi, **Mein Heilpflanzengarten,** Ulmer 2012
Buser Marianna, Koch Antonia, **Fast vergessene Gemüse und Kräuter,** Hädeke 2011
Lange-Fricke Iris, **Detox ganz grün,** TRIAS Verlag 2015
Schmid Franziska, **7 Tage grün,** TRIAS Verlag 2014
Schalk Simone, **Die Kraft der Wurzeln,** Ulmer 2016
Storl, Wolf-Dieter, **Bekannte und vergessene Gemüse,** AT 2012

Rezeptregister

Stichwortverzeichnis

T

U

V

W

Y

Z

LIEBE LESERIN, LIEBER LESER,

hat Ihnen dieses Buch weitergeholfen? Für Anregungen, Kritik, aber auch für Lob sind wir offen. So können wir in Zukunft noch besser auf Ihre Wünsche eingehen. Schreiben Sie uns, denn Ihre Meinung zählt!

Ihr TRIAS Verlag

Kontakt:
kundenservice.thieme.de

Lektorat TRIAS Verlag
Postfach 30 05 04
70445 Stuttgart

Bildnachweis

S. 7 (links unten, rechts): Anke Schütz, Buxtehude
S. 17 und S. 128 (rechts): ©Deyan Georgiev/stock.adobe.com
S. 26 (links): ©mica/stock.adobe.com
S. 26 (rechts): ©Hubertus Blume/stock.adobe.com
S. 32 (links): ©bilderhexchen/stock.adobe.com
S. 32 (rechts) und S. 74 (rechts): ©Ruckszio/stock.adobe.com
S. 38 (links): ©kritsada171/stock.adobe.com
S. 38 (rechts) und S. 80 (rechts): ©Heike Rau/stock.adobe.com
S. 44 (links): ©Kira0Kirina/stock.adobe.com
S. 44 (rechts): ©normankrauss/stock.adobe.com
S. 50 (links): ©nadin333/stock.adobe.com
S. 50 (rechts) und S. 68 (rechts): ©Madeleine Steinbach/stock.adobe.com
S. 56 (links): ©juliedeshaies/stock.adobe.com
S. 56 (rechts): ©RukiMedia/stock.adobe.com
S. 60 (links): ©Dmitriy Syechin/stock.adobe.com
S. 60 (rechts): ©Michael Rogner/stock.adobe.com
S. 68 (links): ©Elena Odareeva/stock.adobe.com
S. 74 (links): ©eqroy/stock.adobe.com
S. 80 (links): ©TwilightArtPictures/stock.adobe.com
S. 86 (links): ©Natallia/stock.adobe.com
S. 86 (rechts): ©sirisris/stock.adobe.com
S. 92 (links): ©OLGA/stock.adobe.com
S. 92 (rechts): ©markskalny/stock.adobe.com
S. 98 (links): ©Axel Gutjahr/stock.adobe.com
S. 98 (rechts): ©HVPM dev/stock.adobe.com
S. 104 (links): ©beerfan/stock.adobe.com
S. 104 (rechts): ©cut/stock.adobe.com
S. 110 (links): ©dima_pics/stock.adobe.com
S. 110 (rechts): ©anitas70/stock.adobe.com
S. 116 (links): ©bildlove/stock.adobe.com
S. 116 (rechts): ©pikumin/stock.adobe.com
S. 122 (links): ©Christine Kuchem/stock.adobe.com
S. 122 (rechts): ©Studio Barcelona/stock.adobe.com
S. 128 (links): ©orestligetka/stock.adobe.com
S. 134 (links): ©tamu/stock.adobe.com
S. 134 (rechts): ©vainillaychile/stock.adobe.com

Bibliografische Information der Deutschen Nationalbibliothek
Die Deutsche Nationalbibliothek verzeichnet diese Publikation in der Deutschen Nationalbibliografie; detaillierte bibliografische Daten sind im Internet über http://dnb.d-nb.de abrufbar.

Programmplanung: Katja Liese
Projektmanagement: Kathrin Hage
Redaktion: Julia Jochim
Bildredaktion: Christoph Frick

Umschlaggestaltung und Layout:
CYCLUS · Visuelle Kommunikation, Stuttgart

Umschlagfoto, Bild S. 3 sowie restliche Bilder:
Wolfgang Schardt Fotografie

1. Auflage 2021

TRIAS Verlag in Georg Thieme Verlag KG
Rüdigerstraße 14, 70469 Stuttgart, Germany
www.trias-verlag.de

Printed in Germany

Satz und Repro: Fotosatz Buck, Kumhausen
Gesetzt in Adobe Indesign CS6
Druck: AZ Druck-und Datentechnik, Kempten

Gedruckt auf chlorfrei gebleichtem Papier

ISBN 978-3-432-11132-2 1 2 3 4 5 6

Auch erhältlich als E-Book:
eISBN (ePub) 978-3-432-11133-9

Wichtiger Hinweis: Wie jede Wissenschaft ist die Medizin ständigen Entwicklungen unterworfen. Forschung und klinische Erfahrung erweitern unsere Erkenntnisse. Ganz besonders gilt das für die Behandlung und die medikamentöse Therapie. Bei allen in diesem Werk erwähnten Dosierungen oder Applikationen, bei Rezepten und Übungsanleitungen, bei Empfehlungen und Tipps dürfen Sie darauf vertrauen: Autoren, Herausgeber und Verlag haben große Sorgfalt darauf verwandt, dass diese Angaben dem Wissensstand bei Fertigstellung des Werkes entsprechen. Rezepte werden gekocht und ausprobiert. Übungen und Übungsreihen haben sich in der Praxis erfolgreich bewährt.

Eine Garantie kann jedoch nicht übernommen werden. Eine Haftung des Autors, des Verlags oder seiner Beauftragten für Personen-, Sach- oder Vermögensschäden ist ausgeschlossen.

Wo datenschutzrechtlich erforderlich, wurden die Namen und weitere Daten von Personen redaktionell verändert (Tarnnamen). Dies ist grundsätzlich der Fall bei Patienten, ihren Angehörigen und Freunden, z. T. auch bei weiteren Personen, die z. B. in die Behandlung von Patienten eingebunden sind.